Funções da Responsabilidade Civil

— DA REPARAÇÃO À PUNIÇÃO E DISSUASÃO —

Os *punitive damages* no
Direito Comparado e Brasileiro

0436

V393f   Vaz, Caroline

Funções da responsabilidade civil: da reparação à punição e dissuasão: os punitive damages no direito comparado e brasileiro / Caroline Vaz. – Porto Alegre: Livraria do Advogado Editora, 2009.

175 p.; 23 cm.

ISBN 978-85-7348-636-0

1. Responsabilidade civil. 2. Reparação do dano. 3. Punição: Responsabilidade civil. 4. Indenização: Responsabilidade civil. I. Título.

CDU – 347.513

Índices para catálogo sistemático:

Responsabilidade civil	347.51
Reparação do dano	347.513
Indenização: Responsabilidade civil	347.513
Punição: Responsabilidade civil	347.513

(Bibliotecária responsável: Marta Roberto, CRB-10/652)

Caroline Vaz

Funções da Responsabilidade Civil
— DA REPARAÇÃO À PUNIÇÃO E DISSUASÃO —

Os *punitive damages* no
Direito Comparado e Brasileiro

Porto Alegre, 2009

© Caroline Vaz, 2009

Capa, projeto gráfico e diagramação
Livraria do Advogado Editora

Revisão
Rosane Marques Borba

Direitos desta edição reservados por
Livraria do Advogado Editora Ltda.
Rua Riachuelo, 1338
90010-273 Porto Alegre RS
Fone/fax: 0800-51-7522
editora@livrariadoadvogado.com.br
www.doadvogado.com.br

Impresso no Brasil / Printed in Brazil

Ao meu pai, Clóvis de Souza Vaz.
À minha mãe, Judith Izabel Izé Vaz.
À minha irmã, Patrícia Vaz.

Prefácio

1. Sobre a autora

Cruzam pela vida acadêmica de um professor milhares de alunos. A grande maioria simplesmente passa e vai embora. Alguns, por razões variadas, deixam marcas. Caroline é um desses alunos que restam indelevelmente gravados na mente de um professor. Na verdade, de aluna ela só tinha a humildade e a sede de aprender, pois havia ingressado no Mestrado em Direito da PUC/RS, onde a conheci, já com uma maturidade intelectual invulgar. Sendo já destacada e brilhante Promotora de Justiça, trouxe para a academia toda sua experiência e combatividade profissional. Dona de notável inteligência, aguçada curiosidade para novos temas, elogiável senso prático, usou sua ampla cultura e conhecimento linguístico (fluente que é em inglês, italiano, francês e espanhol) para explorar temas ainda pouco versados entre nós.

Depois de ter se destacado entre seus colegas de Mestrado, e de ter brilhado com sua participação no Grupo de Pesquisa por mim coordenado naquela Instituição de Ensino Superior, Caroline honrou-me ao formular convite para ser seu orientador, diante da afinidade temática do objeto de sua dissertação com minha disciplina. Foi então que pude perceber, através dos regulares colóquios entre orientador-orientanda, que aquela excelente impressão causada pela aluna em sala de aula não fora casual. Dona de sólida cultura geral e jurídica, titular de ágil raciocínio e impecável lógica, soube desde o início identificar corretamente o foco do seu trabalho e as etapas que deveria percorrer para chegar a conclusões que fossem não só teoricamente consistentes, mas igualmente úteis e aplicáveis. Impressionado fiquei com o ritmo da progressão de sua dissertação, pois sabia que ela estava também muito absorvida em sua principal atividade profissional, jamais por ela descurada.

Seus esforços foram recompensados, pois uma banca altamente qualificada pela presença dos exigentes e brilhantes professores doutores Ingo Wolfgang Sarlet e Luiz Renato Ferreira da Silva, aprovou sua dissertação de mestrado, recomendando sua publicação.

Mas Caroline não é daquelas pessoas que se demoram em saborear conquistas alcançadas. Sua curiosidade intelectual logo a levou a disputar e obter vaga em renomada Universidade espanhola, onde realizou seus estudos de doutoramento.

Tendo retornado recentemente de seus estudos na Espanha, além de prosseguir em sua brilhante carreira no Ministério Público gaúcho, já começa a se destacar também no magistério superior, pois leciona na Faculdade de Direito da Fundação do Ministério Público e na Faculdade de Direito da UNISINOS.

Apresentada a autora, que dignifica o quadro de ex-alunos do Programa de Pós-Graduação em Direito da PUC/RS, cumpre apresentar rapidamente o tema da dissertação, que ora é apresentado em forma de livro ao público interessado.

2. O tema

Como se sabe, o foco atual da responsabilidade civil, pelo que se percebe da sua evolução histórica e tendências doutrinárias, reside cada vez mais no imperativo de indenizar ou compensar o dano injustamente sofrido, abandonando-se a preocupação com a censura do seu responsável. Cabe ao direito penal preocupar-se com o agente, disciplinando os casos em que deve ser criminalmente responsabilizado. Ao direito civil, contrariamente, compete inquietar-se com a vítima. Na esfera dos danos materiais, busca-se substancialmente reparar um dano, e não punir o agente causador (ao menos não como objetivo ou função da responsabilidade civil). Como refere Karl Larenz, "não se trata, como no direito penal, de reagir frente ao fato culpável, mas sim de levar a cabo uma justa distribuição dos danos: quem causa um dano a outrem por meio de um ato antijurídico, ainda que de modo apenas 'objetivamente' negligente, está mais sujeito a ter que suportar o dano do que aquele que diretamente o sofreu, sem ter contribuído para o evento".[1]

Ou seja, em termos de funções da responsabilidade civil, a visão que se tornou clássica é a que entende que a função primordial da responsabilidade civil é a reparatória (também chamada de ressarcitória ou indenizatória), pela qual se atribui à responsabilidade

---

1 Karl Larenz, *Derecho Justo. Fundamentos de etica juridica.* Madrid: Civitas, 1990, p. 118/119.

civil a função de garantir a reparação de um prejuízo material, ou a compensação dos danos imateriais ou não patrimoniais (dos quais o dano moral é uma das espécies), que são, por essência, irreparáveis.

Mas, de algum tempo para cá, por influência de institutos (*punitive damages, exemplary damages, vindictive damages*) há muito conhecidos na área da *Common Law*, percebeu-se que a responsabilidade civil pode – e em algumas situações, deve – desempenhar outras funções. Dentre essas, avultam as chamadas funções punitiva e dissuasória.[2] É possível condensar essa tríplice função em três expressões: reparar (ou compensar), punir e prevenir (ou dissuadir). A primeira, e mais antiga, dessas funções é conhecida e a ela nos referimos acima. O tema do presente livro refere-se às outras, que alguns autores, influenciados pela terminologia penal, referem como sendo função de prevenção geral (através da concessão de elevadas somas às vítimas, pretende-se dissuadir outras pessoas e operadores econômicos a não agirem do mesmo modo, se quiserem evitar sanções semelhantes), e especial (punir economicamente a conduta do réu daquela demanda, por ter agido de forma altamente reprovável, de modo a que não volte a praticar tal conduta).

A função punitiva, não de todo desconhecida na antiguidade jurídica,[3] havia sido quase esquecida nos tempos modernos, após a definitiva demarcação dos espaços destinados à responsabilidade civil e à responsabilidade penal. A esta última estaria confinada a função punitiva. Todavia, quando se passou a aceitar a compensabilidade dos danos extrapatrimoniais, percebeu-se estar presente ali também a idéia de uma função punitiva da responsabilidade civil. Para os familiares da vítima de um homicídio, por exemplo, a obtenção de uma compensação econômica paga pelo causador da morte representa uma forma estilizada e civilizada de vingança, pois no imaginário popular está-se também a *punir* o ofensor pelo mal causado quando ele vem a ser condenado a pagar uma indenização. Contudo, tecnicamente aqui não nos encontramos, ainda, no campo dos *punitive damages* (função autônoma da responsabilidade civil),

---

[2] Note-se que os antigos sistemas socialistas de responsabilidade civil concediam maior importância que os sistemas ocidentais às funções de prevenção e dissuasão de condutas anti-sociais que igualmente seriam ínsitas na responsabilidade civil, como refere ANDRÉ TUNC, *International Encyclopedia of Comparative Law*, vol. XI, *Torts*, Chapter 1, Introduction, Tübingen, J. C. B. Mohr (Paul Siebeck), 1974, p. 12.

[3] O Direito Romano previa algumas hipóteses – *actiones poenales* - em que o autor de certos crimes (furto, roubo, entre outros) era penalizado com a condenação a um determinado múltiplo do valor do bem danificado/destruído, sofrendo, portanto, uma verdadeira 'pena privada', já que qualquer valor a ser alcançado à vítima, que supere o valor do prejuízo realmente sofrido, não tem função meramente reparatória, mas sim punitiva.

mas sim na presença de um dos critérios que a jurisprudência pátria adotou para a mensuração de certos tipos de danos morais.[4][5]

Com a enorme difusão contemporânea da tutela jurídica (inclusive através de mecanismos da responsabilidade civil) dos direitos da personalidade, recuperou-se, mesmo em países de tradição romano-germânica, a idéia de *penas privadas*.[6] Daí, como se afirmou acima, um certo *revival* da função punitiva, na esteira dos sistemas jurídicos integrantes da família da *common law*, onde o instituto dos *punitive damages* é conhecido desde o século XVIII.[7] Busca-se, em resumo, "punir" alguém por alguma conduta praticada, que ofenda gravemente o sentimento ético-jurídico prevalecente em determinada comunidade. Tem-se em vista uma conduta reprovável passada, de intensa antijuridicidade.[8]

No Reino Unido, a partir do célebre caso *Rooks v. Barnard*, julgado pela mais alta corte da justiça britânica (*House of Lords*) em 1964, restringiu-se a aplicação dos *punitive damages* a três situações: 1) abusos de poder por parte de autoridade pública (*"opressive, arbitrary*

---

[4] Sirva de exemplo o seguinte acórdão: "Responsabilidade civil. Dano moral. Acusação injusta de furto em mercado. A injusta imputação de furto a cliente de mercado e a sua revista causam constrangimento passível de indenização. A fixação do dano deve levar em conta o caráter compensatório e *punitivo*" (TJRS, 6ª CC., C.C. 70001615152, j. em 11.04.01, rel. Des. Cacildo de Andrade Xavier).

[5] Judith Martins-Costa e Mariana Souza Pargendler justamente chamam a atenção para essa distinção, no ótimo trabalho publicado na Revista da AJURIS, vol. 100 (edição histórica), p. 229 a 262, denominado de "Usos e abusos da Função Punitiva ('*Punitive damages*" e o Direito Brasileiro)".

[6] Interessante tentativa de construir uma categoria unitária das penas privadas, abrangendo a responsabilidade contratual e a aquiliana, encontra-se na recente obra de Maria Grazia Baratella, *Le Pene Private*, Milano: Giuffrè, 2006, trazendo em apêndice a legislação italiana que prevê hipóteses de penas privadas em situações de responsabilidade contratual e extracontratual, inclusive na recente legislação sobre proteção do consumidor (D.L. n. 206, de 06.09.2005).

[7] Costuma-se indicar o célebre caso inglês *Wilkes v. Wood*, julgado em 1763, como a primeira aplicação dos *punitive damages*. Naquele caso, a então elevada soma de 1.000 libras esterlinas foi imposta a um funcionário do governo inglês (Mr. Wood, subsecretário de Estado), em razão da ilegal e intolerável busca e apreensão de livros e papéis particulares, na residência do sr. Wilkes, em razão de um artigo panfletário de oposição, que este havia feito publicar na imprensa britânica. Tal valor fora fixado declaradamente para desencorajar a prática de condutas semelhantes. No mesmo ano, por fato conexo, adotou-se a mesma *ratio* no caso *Huckle v. Money*. Nos Estados Unidos, o primeiro caso (*Genay v. Norris*) aplicando *exemplary damages* foi julgado em 1784, seguido do caso *Coryell v. Collbough*, em 1791. No caso *Genay v Norris* os *punitive damages* foram denominados de "*vindictive damages*" e foram impostos a um médico que havia usado seu conhecimento de medicina para deliberadamente causar dano a um seu desafeto – um breve resumo do caso encontra-se na obra *In Defense of Tort Law*, de Thomas H. Koenig and Michael L. Rustad (New York: New York University Press, 2003, p. 27.)

[8] Quanto à não exclusividade do direito penal para o exercício de funções sancionatórias, veja-se Paolo Cendon, "Responsabilità civile e pena privata", *in:* Francesco D. Busnelli e G. Scalfi (org.), *Le pene private*, Milano, Giuffrè, 1985, p. 294 , bem como os estudos de Paolo Gallo, especialmente *Pene Private e Responsabilità Civile*, Milano: Giuffrè, 1996, e *Introduzione al Diritto Comparato*, vol. III, *Analisi Economica del Diritto*, Torino: Giappichelli, 1998, esp. p. 91s.

or unconstitutional action by servants of the government"); 2) situações em que o agente calculou que os lucros que viria a obter com a sua conduta excediam o valor que teria de pagar pelos danos causados (*"the defendant's conduct hás been calculated by him to make a profit for himself which may well exceed the compensation payable to the plaintiff"*); e 3) casos previstos expressamente em lei (*"expressly authorised by statute"*).

Essa postura restritiva, porém, não é seguida no Canadá, Austrália ou nos Estados Unidos.

Esse último país é, sem dúvida, o lugar onde maior difusão encontrou o instituto de que falamos. Lá se aplica *punitive damages* nos casos de negligência grosseira (*gross negligence*),[9] acidentes de trabalho (quando houver consciente indiferença em relação ao bem-estar e segurança dos trabalhadores), acidentes de trânsito causados por grave e inadmissível imprudência (v.g. trafegar em alta velocidade com luzes apagadas, embriagado ou na contramão), *medical malpractice*, responsabilidade do produtor (*products strict liability*) em situações de manifesta desconsideração pela segurança, saúde ou bem-estar dos consumidores.[10]

Segundo a síntese de Giulio Ponzanelli,[11] nos Estados Unidos, uma função punitiva da responsabilidade civil seria adotada nos casos de *condutas comerciais fraudulentas* (caso *Roginsky v. Richardson-Merrel Inc.*, j. em 1967, no qual se demonstrou que o laboratório lançara produtos no mercado, tendo conhecimento que poderia causar sérios efeitos colaterais e falsificando os relatórios de pesquisa para obter licenciamento do produto); *violação de normas legais relativas à segurança dos produtos* (naqueles casos em que se demonstra ter o produto sido fabricado sem observância das prescrições legais); *inadequada verificação ou controle de qualidade do produto* (ausência de testes para verificar a segurança e eficácia do produto); *inobservância do dever de advertência acerca da inerente periculosidade do produto; descumprimento do dever de eliminar os defeitos conhecidos ou cognoscíveis, mesmo depois do produto estar em circulação* (mediante *recall*, por exemplo).

---

[9] Cass Sunstein salienta que os *punitive damages* não podem ser concedidos somente porque o réu agiu de forma negligente, pois somente a atitude dolosa ou gravemente culposa poderia justificar sua fixação – Cass Sunstein, "To Punish or Not", *in Punitive Damages – How Juries Decide*, Chicago: University of Chicago Press, 2002, p. 75.

[10] Segundo informação de Paula Meira Lourenço, "Os danos punitivos", *in: Revista da Faculdade de Direito da Universidade de Lisboa*, vol. XLIII, n. 2, 2002, p. 1033 a 1040.

[11] Giulio Ponzanelli, "I Punitive Damages nell'esperienza Nordamericana", *in: Rivista di Diritto Civile*, Anno XXXIII, 1983, parte prima, p. 435-487, especialmente, p. 453 a 457.

Já Paolo Gallo[12] refere que uma função punitiva pode ser invocada em casos de (1) responsabilidade civil sem dano;[13] (2) obtenção de vantagens ilícitas superiores ao montante dos danos causados;[14] (3) conjunto dos danos sociais superiores aos danos individualmente sofridos pelo autor da demanda;[15] e (4) no caso de crimes de bagatela.[16]

---

[12] *Pene Private e Responsabilità Civile.* Milano: Giuffrè, 1996, p. 7 a 28.

[13] O autor exemplifica com alguns casos de violação a direitos de personalidade, tais como uso indevido de nome ou imagem alheia – na verdade, trata-se de uma concepção redutiva de danos, já que os danos, nesses casos, existem, mas são imateriais. Seria o caso, por exemplo, de utilização da imagem de uma bela jovem, sem seu consentimento, para uma exitosa campanha publicitária. Suponha-se que a foto tenha saído muito boa, não tendo em nada prejudicado a jovem – ao contrário, em razão da inesperada publicidade, agências de modelo a procuraram, oferecendo-lhes oportunidades profissionais que ela antes não dispunha. Nessa hipótese, danos materiais não existem, mas patente o dano extrapatrimonial pelo uso indevido de imagem alheia.

[14] Seria o caso, por exemplo, da violação do chamado *right of publicity*, ou seja, do direito de certas pessoas que utilizam sua imagem como meio de vida, de obterem a justa remuneração toda vez que sua imagem é utilizada no interesse alheio. Suponha-se, por exemplo, que alguém utilize uma fotografia de famosa modelo, sem sua autorização, para divulgação de um certo produto. O prejuízo da modelo, nesse caso, consistiria em típico lucro cessante, ou seja, o cachê que ela deixou de receber em razão da inexistência de prévio contrato. Todavia, se a indenização ficasse reduzida a tal valor, isso incentivaria empresas inescrupulosas a violarem o direito à imagem profissional de alguém, abandonando a via contratual, sabendo que bastaria posteriormente pagar o cachê devido, retendo o lucro para si. Uma indenização punitiva, nessa hipótese, que superasse o valor do cachê devido, serviria como forte elemento dissuasório de tais condutas.

[15] Exemplo paradigmático dessa situação é o caso *Grimshaw v. Ford Motor Co.*, em que restou demonstrado que a Ford havia lançado no mercado o Ford modelo Pinto, apesar de saber que o veículo poderia explodir, como de fato explodiu em mais de uma centena de ocorrências, caso estivesse com o tanque cheio, dobrando à esquerda, com a seta de direção acionada e viesse a sofrer abalroamento traseiro. Nessa hipótese, os danos sociais, caracterizados pela exposição de uma enorme quantidade de americanos à possibilidade de explosão de tais veículos, eram maiores do que os danos que, individualmente, a família Grimshaw reclamava pela morte de um ente querido. No caso em tela, julgado numa época (início da década de oitenta) em que a compensação pela morte de uma pessoa em acidentes de trânsito era fixada em torno de trezentos mil dólares, o júri condenou a Ford a uma indenização por *punitive damages* na ordem de cento e vinte e cinco milhões de dólares. Ainda que, em grau de recurso, a indenização tenha sido reduzido para três milhões e quinhentos mil dólares, mesmo assim o valor da indenização ficou aproximadamente dez vezes mais elevado do que o usual.

[16] Paolo Gallo invoca os princípios da proporcionalidade e subsidiariedade para demonstrar a inadequação da tutela penal em situações envolvendo a chamada pequena criminalidade, como furtos de objeto de pequeno valor e emissão de cheques sem fundos, dentre outros. Com relação aos cheques sem fundo, cita a legislação italiana e francesa que descriminalizou tal conduta, deixando à responsabilidade civil e administrativa a sua repressão. Assim, por exemplo, Lei italiana n. 386, de 15.12.1990, pune a emissão de cheques sem fundos com a imposição de uma pena privada (em benefício do tomador do cheque) equivalente a dez vezes o valor do cheque, além do cancelamento administrativo da possibilidade de emitir novos cheques. Cita, também, o exemplo alemão, no qual foi introduzido um sistema de penas privadas para pequenos furtos em estabelecimentos comerciais. Nessa hipótese, impõe-se ao ladrão uma pena, reversível à vítima do furto, proporcional ao valor do objeto furtado, não podendo exceder o triplo de tal valor, sendo fixado entre parâmetros mínimos e máximos (na época, entre 5 e 150 marcos alemães) – cf. Paolo Gallo, *Pene Private e Responsabilità Civile*. Milano: Giuffrè, 1996, p. 21 e segs.

Na literatura pátria, André Gustavo Corrêa de Andrade[17] indica, além de outros, os objetivos de manutenção do equilíbrio das relações de consumo[18] e de defesa de contratantes que se encontram em posição de inferioridade,[19] como sendo hipóteses em que a aplicação de uma função punitiva seria adequada.

Muitos autores distinguem uma função punitiva da responsabilidade civil da sua função dissuasória. A distinção entre as duas consistiria em que esta não teria em vista uma conduta passada, mas buscaria, ao contrário, dissuadir condutas futuras. Ou seja, através do mecanismo da responsabilização civil, buscar-se-ia sinalizar a todos os cidadãos sobre quais as condutas a evitar, por serem reprováveis do ponto de vista ético-jurídico. É óbvio que também a função reparatória e a função punitiva adimplem uma função dissuasória, individual e geral. Porém, esse resultado acaba sendo um "efeito colateral", benéfico, mas não necessariamente buscado. Na responsabilidade civil com função dissuasória, porém, o objetivo de prevenção geral, de dissuasão ou de orientação sobre condutas a adotar, passa a ser o escopo principal. O meio para alcançá-lo, porém, consiste na condenação do responsável à reparação/compensação de danos individuais.

No direito pátrio, também encontramos referência à função dissuasória, tanto na doutrina,[20] quanto na jurisprudência,[21] embora o

---

[17] André Gustavo Corrêa de Andrade, *Dano Moral e Indenização Punitiva*, Rio de Janeiro: Forense, 2006, p. 272 e seg.

[18] Citando os exemplos em que certos fornecedores inescrupulosos conscientemente deixam de adotar medidas que poderiam aperfeiçoar a qualidade e segurança de seus produtos ou serviços, em razão de seus custos, sabendo que o número de consumidores que irão se queixar judicialmente será pequeno e reduzido o valor das indenizações. Assim, numa estrita racionalidade econômica, que a função punitiva busca eliminar, seria "mais barato" pagar os danos do que investir para melhorar a qualidade/segurança de seus produtos ou serviços.

[19] Insere o autor, nessa rubrica, a necessidade de proteção de outros atores vulneráveis, além dos consumidores, como os empregados e alunos, que muitas vezes se encontram sujeitos a violação de seus direitos de personalidade, como é o caso do assédio sexual no ambiente de trabalho, assédio moral (*workplace harassment* norte-americano, ou *harcèlement moral* francês) nas relações trabalhistas, além das figuras mais recentes de *mobbing* e *bullying* (como são denominadas as situações em que alguém é tiranizado, amedrontado, intimidado, maltratado, em seu ambiente de trabalho, escolar, ou em organizações militares, normalmente por um grupo de colegas – a palavra inglesa *mob* significa horda, bando. Comumente se usa a palavra *bullying* para agressões no ambiente escolar, e a palavra *mobbing* para agressões praticadas no ambiente de trabalho ou outros.

[20] Dentre outros, Fernando Noronha, "Desenvolvimentos Contemporâneos da Responsabilidade Civil", *Revista dos Tribunais*, vol. 761, p. 40/41, que denomina tal função de *preventiva*.

[21] "(...) A condenação, além de reparar o dano, deve também contribuir para desestimular a repetição de atos desse porte (...)" (trecho da ementa do REsp 295175/RJ, STJ, 4ª T., DJ de 02.04.01); "Responsabilidade civil. Dano moral. Espancamento de condômino por seguranças do Barrashopping. A indenização por dano moral objetiva compensar a dor moral sofrida pela vítima, punir o ofensor e desestimular este e a sociedade a cometerem atos dessa natureza" (STJ, 3ª T., REsp 283319/RJ, DJ de 11.06.01); No mesmo sentido: (STJ, 4ª T., REsp 265133/RJ, DJ

nível de aprofundamento e de sistematização das análises ainda esteja muito aquém das análises encontradas no direito comparado.

Todavia, não há dúvidas de que, normalmente, as duas funções andam juntas. Tanto assim que o *Restatement (Second) of Torts*[22] norte-americano, em seu § 908(1), conceitua os *punitive damages* como sendo "a indenização, diversa dos *compensatory* ou *nominal damages*, estabelecida contra alguém para puni-lo por sua conduta ultrajante e para dissuadi-lo, e a outros como ele, de praticar conduta semelhante no futuro",[23] englobando, como se vê, no mesmo conceito, as duas funções.

Os *punitive damages* configuram um instituto controvertido e passível de muitas críticas, em razão de uso equivocado e impróprio do instituto e especialmente em razão de valores desproporcionados e absurdamente elevados que por vezes são fixados, com efeitos econômicos devastadores para as empresas atingidas. Por isso fala-se muito nas disfunções de tal instituto, que nos Estados Unidos são denominadas de *overcompensation*[24] e *overdeterrence*.[25]

---

de 23.10.00); aludindo a uma função *inibitória* da responsabilidade civil, v. TJRS, 10ª CC., A.C. 70001051846, j. em 31.08.2000, sendo relator o Des. Luiz Ary Vessini de Lima.

[22] Os *Restatements* configuram uma peculiaridade norte-americana. Trata-se de compilações sistemáticas, elaboradas pela *American Law Institute*, uma organização privada, integrada por juristas em geral (professores, advogados, magistrados, etc.), que nomeia uma comissão de especialistas para examinar determinados temas jurídicos (contratos, responsabilidade civil, seguro, propriedade, etc.), buscando fixar o "estado da arte" naquele determinado setor. Através do exame da jurisprudência federal e estadual, bem como indicações legais e doutrinárias, busca-se estabelecer, de forma sistemática, com articulada divisão do tema em capítulos detalhadamente sub-divididos, de que forma majoritariamente é aplicado determinado instituto jurídico, e quais são suas tendências. Tal obra, redigida como se fosse um código setorial, não tem *status* de lei, nem de jurisprudência. É uma obra doutrinária, embora atenta à prática, mas que exerce uma grande influência sobre os operadores jurídicos, configurando não desprezível fator de unificação do direito norte-americano. Tal iniciativa começou em 1923 e ainda hoje, periodicamente, são publicados novos *Restatements*, ou atualizados os antigos. No caso da responsabilidade civil (denominada de Law of Torts, na família da *Common Law*), o *Restatement* já está em sua terceira edição.

[23] No original: *"Punitive damages are damages, other than compensatory or nominal damages, awarded against a person to punish him for his outrageous conduct and to deter him and others like him from similar conduct in the future"*.

[24] Em tradução livre: hipercompensação. Com o intento de punir exemplarmente certos agentes econômicos, acaba por se conceder indenizações milionárias ao autor da demanda, em valores muitíssimo superiores ao seu real dano. Por isso fala-se muito na "loteria da responsabilidade civil", pois essas indenizações acabam por representar situações equivalentes a ganhar um grande prêmio. Patrick S. Atiyah, expoente jurista inglês, intitula exatamente de *The Damages Lottery* (Oxford: Hart Publishing, 1997) um de seus livros críticos a respeito de tais abusos.

[25] Em tradução livre: hiperdissuasão. Indenizações elevadíssimas podem levar à falência determinados setores econômicos (caso da indústria de cimento amianto, nos EUA, ou de certos laboratórios farmacêuticos), ou afastar profissionais de certas áreas de elevado risco (como foi o caso de certas especialidades médicas, nos Estados Unidos, na década de 80, em que houve uma debandada de profissionais de áreas muito sensíveis e expostas a tais tipos de danos, como a obstetrícia e a neurocirurgia).

Mas esses são apenas alguns dos temas que a autora aborda, com profundidade e respaldada em sólida literatura, especialmente estrangeira, com grande segurança e acuidade científica, nesta excelente obra que ora é compartilhada com o público interessado.

Na tentativa de não pecar pela superficialidade, diante da qualidade da obra que se anuncia, esse prefácio, que acabou traindo a paixão que o autor dessas notas tem pelo tema, acabou pecando pela extensão.

O leitor, após o prazer e o proveito da leitura da obra, saberá me redimir.

Eugênio Facchini Neto

Professor dos Cursos de Graduação, Mestrado e
Doutorado da PUC/RS e da Escola Superior da Magistratura/AJURIS
Doutor em Direito Comparado pela Universidade de Florença (Itália)
Mestre em Direito Civil pela Universidade de São Paulo
Magistrado no Rio Grande do Sul

Sumário

Apresentação – Ingo Wolfgang Sarlet 19

Introdução 21

**1. Responsabilidade Civil: aspectos gerais da evolução
para a pré-compreensão do tema** 25

1.1. Breves apontamentos sobre a evolução histórica 25

1.2. Responsabilidade Civil no Direito Contemporâneo 35

1.3. Diferenciação entre Responsabilidade civil e penal 37

    1.3.1. Responsabilidade civil e penal e suas finalidades 38

1.4. Outras funções da Responsabilidade Civil 40

**2. Funções dissuasória e punitiva da responsabilidade civil
(*exemplary damages* e *punitive damages*)** 41

2.1. As funções punitiva e dissuasória da Responsabilidade
Civil no Direito Comparado 43

2.2. Os *punitive damages* no Direito Inglês 43

2.3. Os *punitive damages* nos Estados Unidos da América 45

    2.3.1. A *Tort Law* nos Estados Unidos 48

    2.3.2. Definição de *punitive* e *exemplary damages*.
    Principais casos de admissibilidade 49

        2.3.2.1. Negligência grosseira 51

        2.3.2.2. Responsabilidade civil objetiva 53

        2.3.2.3. Em quebra de contratos 57

    2.3.3. Procedimento da *tort law* e a aplicação dos *punitive damages* no
    Sistema Judiciário Norte-Americano 58

    2.3.4. As disfunções dos *punitive damages* nos países da *Common Law* 60

2.4. O sistema romano-germânico 64

    2.4.1. Os *punitive damages* – Le Pene Private – e a Responsabilidade Civil na Itália 64

        2.4.1.1. Definição e Funções da Pena Privada no sistema italiano
        Breve comparativo com os *punitive damages* da *Common Law* 64

    2.4.2. As prestações punitivas/dissuasórias na França 68

    2.4.3. As prestações punitivas/dissuasórias na Alemanha 69

    2.4.4. Os "danos punitivos" em Portugal 70

3. O tratamento às prestações punitivas/dissuasórias no Brasil 75

3.1. Análise do tratamento das funções punitiva e dissuasória da responsabilidade
civil na doutrina brasileira 75

3.2. Precedentes jurisprudenciais no Brasil reconhecendo outras funções
da Responsabilidade Civil 79

3.3. Previsão legislativa da função dissuasória da responsabilidade civil 81
3.4. Críticas quanto à aplicação das prestações punitivas/dissuasórias no Brasil 83
   3.4.1. Da (in)constitucionalidade das funções punitiva e
   dissuasória à responsabilidade civil 87
3.5. As lacunas do Direito 89
3.6. Breves considerações acerca da Teoria dos Poderes Implícitos 93
**4. Reflexões acerca de uma efetiva proposta de inserção das novas funções
punitiva/dissuasória à Responsabilidade Civil no Brasil** 97
   4.1. As funções punitiva e dissuasória da responsabilidade civil para a
   concretização dos direitos fundamentais 97
      4.1.1. A multifuncionalidade dos direitos fundamentais 102
      4.1.2. O Conceito materialmente aberto e a interpretação
      dos direitos fundamentais 104
   4.2. O papel do Poder Judiciário para a aplicação das funções punitivas/dissuasórias
   da responsabilidade civil e a concretização dos direitos fundamentais 111
      4.2.1. Os princípios jurídicos como instrumentos hermenêuticos para aplicação
      dos punitive damages pelo Poder Judiciário 115
      4.2.2. A inserção das funções punitiva/dissuasória da responsabilidade
      civil na decisão judicial 118
   4.3. Da fixação do *quantum* referente às prestações punitivas/dissuasórias 128
   4.4. A razoabilidade e a proporcionalidade como critérios hermenêuticos para aplicação
   das prestações punitivas/dissuasórias à concretização dos
   direitos fundamentais 142
   4.5. A legitimidade do Ministério Público para aplicação das prestações
   punitivas e dissuasórias nos Inquéritos Civis 148
      4.5.1. As prestações dissuasórias/punitivas como cominações passíveis de
      inserção nos Termos de Ajustamento de Conduta 154
         4.5.1.1. O exemplo do dano ambiental para aplicação das prestações
         dissuasórias/punitivas nos Termos de Ajustamento
         de Conduta 155
            4.5.1.1.1. Responsabilização civil pelos danos ambientais 157
            4.5.1.1.2. Responsabilização administrativa por
            danos ambientais 159
            4.5.1.1.3. Responsabilização penal por danos ambientais 160
            4.5.1.1.4. Da Possibilidade de responsabilização simultânea nas esferas
            cível, penal e administrativa, com a inserção da prestação
            pecuniária punitiva e/ou dissuasória 161

Conclusão 167

Referências 171

Apresentação

É sempre motivo de orgulho para um Programa de Pós-Graduação quando os seus titulados seguem uma trajetória acadêmica marcada pelo sucesso. Também este é o caso da Professora e Mestre em Direito pela Pontifícia Universidade Católica do Rio Grande do Sul, assim como integrante do Ministério Público Gaúcho, Caroline Vaz, que ora publica, após alguns poucos ajustes sugeridos pela banca examinadora, da qual tive o privilégio de participar, a sua qualificada dissertação de Mestrado versando sobre as funções da responsabilidade civil, com destaque para o instituto dos assim designados "punitive damages". O texto, além do labor intelectual fecundo da autora, traz a marca indelével da orientação sempre precisa e competente do nosso ilustre colega e amigo, Professor Doutor Eugênio Facchini Neto, uma das maiores autoridades na área, guardando, de resto, sintonia com as linhas de pesquisa e as diretrizes relativas à qualidade elevada de um número cada vez maior de dissertações e teses acadêmicas produzidas no âmbito do Mestrado e Doutorado da PUCRS.

Sem qualquer pretensão de enfrentar, nesta breve apresentação, o tema propriamente dito, nem avaliar as posições da autora a respeito da miríade de aspectos colacionados ao longo da obra, o que nos importa destacar, sem prejuízo de outros méritos inquestionáveis, além da consistência metodológica do texto, da fluidez e correção da linguagem e da qualificada análise comparativa, designadamente a partir da experiência norte-americana, é a vinculação de problemática dos assim chamados danos punitivos à percepção de que, também neste caso, se está em face de poderoso instrumento de concretização dos direitos e garantias fundamentais da pessoa humana. Tal perspectiva assume ainda maior relevância, quando enfrentada com base numa atualizada dogmática dos direitos fundamentais e sem perder de vista a necessidade de uma abordagem constitucionalmente adequada, visto que a importação pura e simples de modelos estrangeiros já demonstrou ser por vezes mais danosa de que a sua desconsideração. Por outro lado, embora instrumento para a efetivação de direitos fundamentais, a responsabilização de pessoas físicas e jurídicas mediante a utilização do instituto dos danos punitivos, em sendo utilizada de forma distorcida, poderá implicar mesmo em violação de direitos, especialmente quando desafinada com os critérios da proporcionalidade, questões que igualmente passaram pelo crivo da autora, que, além disso, não descuidou da aplicação de tal ferramenta à esfera dos danos ambientais.

Por todo o exposto, ainda que indicadas apenas uma pequena parte das virtudes da obra, o que importa, para efeitos da presente apresentação, é aproveitar este espaço nobre para enfatizar que, seja pela atualidade e relevância do tema, seja pela qualidade da obra, se trata de um trabalho que deverá agregar valor efetivo tanto ao debate acadêmico quanto ao labor dos operadores do Direito, de tal sorte que nos resta parabenizar a autora e almejar que o livro encontre a merecida acolhida.

Porto Alegre, março de 2009.

Prof. Dr. Ingo Wolfgang Sarlet

Professor Titular da Faculdade de Direito e
Coordenador do Programa de Mestrado e Doutorado em
Direito da PUCRS, Professor da Escola da AJURIS e Juiz de Direito

Introdução

Dentro de um contexto de inovação da ordem jurídica, especialmente no que concerne à responsabilidade civil extracontratual e suas funções, o presente trabalho visa a analisar a possibilidade de inserção das chamadas funções dissuasória e punitiva a esse ramo do direito das obrigações, as quais se encontram amplamente utilizadas na família da *Common Law* através dos *punitive damages*.

Justifica-se a relevância do feito, outrossim, pela constatação de que a indenização viabilizada na seara da responsabilidade civil, hodiernamente, não se vem constituindo como modo eficaz para evitar o alargamento das condutas ilícitas no País, e os prejuízos advindos destas, que atingem não só o indivíduo, mas toda a sociedade, numa degradação de valores e depreciação do ser humano, paradoxais à sua evolução. Desta forma, urge a busca de novas soluções para o enfrentamento do problema, mostrando-se, inclusive, como uma alternativa à tutela penal, a qual deve permanecer como *ultima ratio*.[1]

Como bem alerta Norbert Elias, "só pode haver uma vida comunitária mais livre de perturbações e tensões se todos os indivíduos dentro dela gozarem de satisfação suficiente; só pode haver uma existência individual mais satisfatória se a estrutura social pertinente for mais livre de tensão, perturbação e conflito".[2]

Nesse sentido, a responsabilidade civil tem um papel determinante, pois é através dela que os atores do cotidiano moderno buscam a proteção de seus direitos, lesados injustamente por terceiros. E, se com ela se busca a reparação de um mal, por que não nela se buscar a mitigação de novos males? Portanto, por meio deste ins-

---

[1] Segundo o Jurista Miguel Reale Júnior, a exemplo de diversos autores, especialmente da seara penal, esta deve restar limitada aos crimes mais graves à ordem social, quando haveria espaço para a inserção do caráter sancionador da responsabilidade civil. (REALE JUNIOR, Miguel. *Instituições de direito penal*. Rio de Janeiro, Forense, 2002. v. 1, p. 25 et seq.)

[2] ELIAS, Norbert. *A sociedade dos indivíduos*. Tradução: Vera Ribeiro. Rio de Janeiro: Jorge Zahar, 1994, p. 17.

trumento jurídico, baseando-se no paradigma de um Direito Civil-Constitucional, diante de um ordenamento permeado de normas de cunho promocional, torna-se possível refletir acerca da admissibilidade das funções punitiva e dissuasória, ou seja, de uma finalidade pedagógica, como forma de efetiva adequação social do Direito.

Objetivamente, a função punitiva diz com a intenção de punir alguém por uma conduta praticada que ofenda gravemente o sentimento ético-jurídico prevalecente em determinada comunidade. Já a função dissuasória (preventiva, exemplar) refere-se não a determinada ação pretérita, mas, pelo contrário, busca evitar, dissuadir semelhantes condutas futuras.[3] Os *punitive ou exemplary damages* têm, por conseguinte, esta dupla vertente, sendo o instituto chamado por vezes por um e por vezes por outro nome que abrange ambas as finalidades. Todavia, não se empregam as diferentes designações ao acaso, pois *exemplary damages* normalmente é utilizada quando se quer evidenciar a função social e preventiva do instituto, para dar o exemplo, dissuadindo o indivíduo infrator e toda a sociedade de adotarem condutas semelhantes.

Por outro lado, em que pesem diversas menções a esses fins da responsabilidade civil por juristas respeitáveis, mesmo em decisões jurisprudenciais dos tribunais superiores do país, carece o tema de um estudo mais aprofundado, principalmente sobre sua origem e caracterização, sob pena de, em uma apressada análise, restar este fadado a críticas que não condizem com o efetivo desiderato do instituto, dada a sua imperfeita compreensão. Até porque, não se trata de assunto recente na doutrina estrangeira. Ao contrário, possui critérios e definições bem sedimentados nos sistemas nos quais são aplicados, contornos estes a serem obrigatoriamente observados quando importados para um ordenamento jurídico alienígena, seja pela via legislativa, doutrinária, ou jurisprudencial.

E para tanto, no decorrer deste trabalho, levam-se sempre em consideração as diferentes estruturas das famílias jurídicas, *Common Law* e Romano-Germânica, bem como a realidade social, a formação histórica, cultural, econômica, enfim, parâmetros que serão decisivos para a investigação do tema e para a conclusão que se pretende chegar.

À guisa de intróito, importante mencionar que, ressalvados alguns autores mais atentos na abordagem dos *punitive damages*,[4]

---

[3] FACCHINI NETO, Eugênio. Da responsabilidade civil no novo código. In: SARLET, Ingo Wolfgang (Org.). *O novo código civil e a constituição*. Porto Alegre, Livraria do Advogado, 2003, p. 163-164.

[4] Ressalta-se a abordagem do tema no Brasil por Maria Celina Bodin de Moraes, a qual, apesar do posicionamento diverso ao que ora se defende quanto à possibilidade de adoção do ins-

muitos interpretam o instituto como mais um parâmetro para fixação de reparação/compensação de danos, principalmente de danos morais, ou ainda como uma subfunção destes. Todavia, a aplicação de prestações punitivas ou dissuasórias,[5] conforme se considerará, fica ao lado da compensação dos prejuízos materiais e/ou morais sofridos pela vítima, constituindo-se num valor excedente, com o fim último de punir o agente e desencorajá-lo de praticar semelhante conduta, bem como a todos da sociedade em que ele vive. Não se está a referir, pois, mais uma forma de tornar "indene" (sem dano) a vítima, mas de estimular uma mudança de postura da coletividade, daí seu viés pedagógico.

Longe de se ter a pretensão de esgotar o tema, o que talvez seja uma missão inatingível em face da enorme e esparsa produção jurídica existente no mundo acerca deste, propõe-se uma reflexão sobre os pontos fundantes do instituto, em cotejo com os sistemas

---

tituto no sistema brasileiro, externa a impossibilidade de conferir ao dano moral um caráter punitivo como forma de ampliar a concessão e o *quantum* a ser destinado para vítimas de atos ilícitos, a título de *compensação* pelo dano sofrido pela diferente natureza do instituto. (MORAES, Maria Celina Bodin de. *Danos à pessoa humana:* uma leitura civil-constitucional dos danos morais. Rio de Janeiro, Renovar, 2003, p. 217-264).

[5] Necessário realizar um acordo semântico para esclarecer que se utiliza neste feito a expressão "prestações punitivas ou dissuasórias" por uma tradução auto-explicativa na língua portuguesa do instituto que é conhecido por *punitive damages, exemplary damages, vindictive damages, deterrent damages, smart money,* entre outros, a fim de se evitar o que ocorre por vezes na pesquisa de direito estrangeiro, ou seja, que a nomenclatura se sobreponha ao significado. Isso porque ao pé da letra "punitive damages" quer significar *punição por decorrência dos danos, por causa dos danos* e, assim sendo, entende-se inapropriada a locução "indenização punitiva" utilizada por parte da doutrina brasileira, pois reporta à finalidade reparatória da responsabilidade civil, que não é o objeto da figura anglo-saxônica em comento, a qual corresponde ao pagamento de uma quantia além do ressarcimento pelos prejuízos sofridos pela vítima. Da mesma forma, não se pode concordar com "danos punitivos", tradução corriqueiramente utilizada para o Português, já que a categoria jurídica em análise não trata de dano, pelo contrário, refere-se a um valor a ser pago pelo agente que causou o dano, com a finalidade não de ressarcir a vítima, mas de punir seu causador pela conduta ilícita, bem como para desencorajar este e as demais pessoas da sociedade de praticarem ato semelhante. Portanto, não são os danos que punem ou desencorajam, mas a prestação pecuniária a ser entregue pelo agente causador destes. Tratando-se de um trabalho que se utiliza de um estudo comparatista, impende, ainda, transcrever a lição de Ugo Mattei sobre o problema da linguagem e tradução nessa seara, que permite se faça a opção pela tradução acima mencionada: "mesmo que o direito preceda a língua, o direito é aparentemente veiculado pela linguagem. Os termos jurídicos veiculam idéias e regras, que não podem ser expressas completamente se não utilizando aqueles mesmos termos técnicos. Às vezes a própria lei define os termos jurídicos. Quando isso não acontece, todavia, a comunidade dos juristas atribui um valor essencial ao uso de certos termos, que parecem assim intimamente ligados com os conteúdos jurídicos que desejam exprimir. O comparatista deve enfrentar os problemas legais das traduções jurídicas. (tradução livre da autora)". "Anche se il diritto precede la língua, il diritto è apparentemente veicolato dal linguaggio. I termini giuridici. Anche quando cio non accade, tuttavia, la comunità dei giuristi attribuisce un valore essenziale all'uso di certi termini, Che sembrano così intimamente conessi con i contenuti giuridici che vogliono esprimere. Il comparatista deve quindi affrontare i problemi legati alle traduzzioni giuridiche". (MATTEI, Ugo; MONATERI, Píer Giuseppe. *Introduzzione breve al diritto comparato.* Padova: CEDAM, 2002, p. 31).

dos países em que ele é aplicado, especialmente em um paralelo entre o romano-germânico e o anglo-saxão, de forma a ter-se nos *punitive damages* uma alternativa no âmbito da responsabilidade civil, para mitigar conflitos e contribuir para um desenvolvimento mais harmonioso da sociedade atual, notadamente quanto aos chamados *danos coletivos*.

Assim, realiza-se, primeiramente, uma breve análise dos modelos de responsabilidade civil e da sua evolução histórica, fazendo-se, em seguida, uma abordagem sobre o tratamento dispensado a essas funções punitiva e dissuasória da Responsabilidade Civil no Direito Comparado, dando maior enfoque ao sistema da *Common Law*, haja vista ter sido este o precursor no uso do instituto (responsabilidade civil com funções punitiva e dissuasória), especialmente ao norte-americano, no qual o tema teve maior avanço nos últimos anos.

Numa terceira etapa, aborda-se o assunto tal como é enfrentado no Brasil, bem como os debates doutrinários realizados acerca dessas funções, tornando visível a atualidade do tema, o qual, por mais paradoxal que muitos possam entender, não se configura num retrocesso, pelo fato de se aproximar a uma das vertentes da "pena privada" de outrora. É a utilização do Direito Civil, isto sim, para reorientar condutas sociais, desestimulando, com mais eficácia, comportamentos socialmente deletérios.

Para, em um quarto e último passo, então, referindo aspectos gerais da responsabilidade civil, enfrentar a questão da possibilidade de, com base numa metodologia de direito civil-constitucional que visa a proteger e concretizar principalmente direitos fundamentais de âmbito coletivo, inserir as referidas funções da responsabilidade civil, no ordenamento jurídico pátrio, ao lado da reparatória e da compensatória, utilizando-se da hermenêutica no caso em concreto, pela atuação do Poder Judiciário e Ministério Público.

Questionar novos rumos para a responsabilidade civil, eis um compromisso imperioso para a doutrina brasileira, tendo em vista promover a necessária observância da adequação social do direito à realidade do momento histórico que se vive e, acima de tudo, salvaguardar os valores e direitos fundamentais tutelados pela Constituição da República Federativa do Brasil.

1. Responsabilidade civil: aspectos gerais da evolução para a pré-compreensão do tema

1.1. Breves apontamentos sobre a evolução histórica

Para os objetivos da ordem jurídica classicamente estabelecidos, há uma função promocional do ordenamento jurídico no redimensionamento da atuação estatal. Tal função, preconizada por Bobbio, consiste na produção de normas de organização com as quais o Estado regula as próprias atividades fiscalizadora e produtora, conferindo às sanções um aspecto positivo, ou seja, premiador de condutas desejáveis.

Assim, nas palavras do autor:

> (...) as sanções positivas acabam implicando o reconhecimento de que o Estado com a função promocional desenvolve formas de poder ainda mais amplas que o Estado protetor. Isto é, ao prometer, via subsídios, incentivos e isenções, ele substitui, como disse, o mercado e a sociedade no modo de "controlar" o comportamento.[6]

Por conseguinte, percebe-se a ordem jurídica também como um instrumento de gestão e planejamento do Estado para a inserção na ordem econômica global, nas suas mais diversas searas. É com essa visão que se quer ver inserida a responsabilidade civil num contexto contemporâneo, de constantes desafios e complexidades decorrentes de novos paradigmas impostos pelo convívio social.

Não se pode desconsiderar, neste sentido, que, no início da humanidade, os pressupostos nos quais, segundo a teoria tradicional, está assentada a Responsabilidade Civil, quais sejam, dano, culpa e nexo de causalidade, não existiam dessa forma. Havia um comportamento instintivo do ser humano, no sentido de que o dano provo-

---

[6] BOBBIO, Norberto. La Funzione Promozionale del Diritto. In: Bobbio: *Dalla Strutura alla Funzione*.Milano: Edizione di Comunità, 1977, p. 13-32.

cava imediata reação da coletividade contra o causador do prejuízo, a "vingança privada".

O desenvolvimento do tema, desde a vindicta, a justiça pelas próprias mãos, num primeiro instante histórico, até a aplicação efetiva e exclusiva desta pelo Estado, confunde-se com a própria história e a solidificação da responsabilidade civil, da atribuição de culpa e suas consequências.

Nesse sentido, foi lenta a evolução até que se chegasse ao ponto esperado pela sociedade em ver satisfeita sua pretensão de obter compensação pelo prejuízo causado por outrem. Alvino Lima aduz que "a vingança é substituída pela composição a critério da vítima, mas subsiste como fundamento ou forma de reintegração do dano sofrido".[7]

Segundo Mazeaud et Mazeaud "a ação de ressarcimento nasceu no dia em que a repressão se transferiu das mãos do ofendido, para o Estado".[8] Esclarece, contudo, Cretella Júnior que, após o primeiro capítulo da história da responsabilidade civil, o qual trata das questões envolvendo o surgimento dos conflitos de interesses e da solução encontrada para estes na primitiva e parcial *justiça privada*, resultante, quando não muito, na punição de todo um grupo social pelo crime de um de seus integrantes, a segunda etapa desta evolução traz o Estado assumindo a atribuição de apaziguar os ânimos e solucionar as pretensões insatisfeitas.[9]

Institucionalizando o caráter punitivo cotidiano para as primeiras civilizações, em detrimento do instituto do ressarcimento, o Código de Hamurabi imposto pelo célebre imperador babilônico, no período de 2003 a 1961 a.C., consagrava o princípio do olho por olho, dente por dente, mais tarde sacramentado pelos romanos como a Lei de Talião. Rígida e inflexível, por vezes cruel, a legislação de Hamurabi recepciona primeiramente uma noção de vingança delimitada

---

[7] LIMA, Alvino. *Da culpa ao risco*. 2. ed. São Paulo: Revista dos Tribunais, 1938, p. 10.

[8] MONTEIRO, Washington de Barros. *Curso de direito civil*. 26. ed. São Paulo: Saraiva, 1993. v. 5: Direito das obrigações, p. 392.

[9] CRETELLA JÚNIOR, José. *Curso de direito romano*. 19. ed. Rio de Janeiro: Forense, 1995, p. 303, anterior ao período em que o Estado assume o monopólio da aplicação da Justiça, a responsabilização pode ser dividida em *Vingança privada, Composições voluntárias* e *Composições legais*. Ainda segundo o autor, a Vingança privada subdividia-se em regulamentada e não regulamentada. O exemplo citado da punição do grupo social por fato praticado por indivíduo corresponderia à *vingança privada não regulamentada*, ou seja, totalmente arbitrária, enquanto o Talião pré-Hamurabi corresponderia à *vingança privada regulamentada*, consoante o conhecido brocardo *olho por olho...* Adota-se, entretanto, neste breve histórico sobre as origens da Responsabilidade, a divisão mais comum, conforme exarada do texto: *Justiça privada, Justiça privada estatizada* e *Justiça estatal*. Não obstante, relevante se torna a classificação de Cretella Júnior quando do surgimento da indenização pecuniária.

pelo Estado, para só depois apresentar ideias pertinentes às modernas indenizações, como hoje são conhecidas por toda a sociedade.

No mesmo passo, merece nota a legislação que o profeta Moisés concebeu doze séculos a.c. e se acha reunida no Pentateuco, um dos códigos mais importantes da Antiguidade e que se divide nos seguintes livros: Gênesis, Êxodo, Levítico, Números e Deuteronômio, tendo sido ele o grande condutor do povo hebreu, pois livrou-o da opressão egípcia, fundou a sua religião e estabeleceu o seu Direito. Foi responsável, portanto, pela elaboração do Antigo Testamento, o qual veio a ser terminado por Josué, após sua morte. E, no tocante ao Direito, estabeleceu parâmetros remotos da indenização, destacando-se o Êxodo, Capítulo XXI:23-25, o Levítico, no Capítulo XXIV:19, e o Deuteronômio, no Capítulo XIX: 16-21,[10] no qual refere expressamente a consagração da Lei de Talião, mencionando, inclusive, no Êxodo XXI:24 a célebre frase "olho por olho, dente por dente", sendo que sua índole, contudo, era humanitária.

Por outro lado, não havia, no momento de efetivar a responsabilização, uma distinção formal entre ilícito civil e criminal, como os regramentos atuais procuram classificar;[11] embora aplicada oficialmente pelo Estado, a sanção atingia o patrimônio e a própria vida de terceiros desvinculados das relações, fossem privadas ou de fundo público (isto é, atentados contra o Estado ou à vida de terceiros), numa prática abominada integralmente pelos modernos ordenamentos jurídicos, com sua constitucional concepção, no caso do Brasil e de outras nações, de que a pena não deve passar da pessoa do condenado. O conceito de indenização, ressarcimento ou compensação era confuso: se o filho de determinada pessoa vinha a falecer em decorrência do desabamento do prédio que servia de morada para a família, por exemplo, o arquiteto responsável pela obra deveria ser punido na pessoa de seu filho, que seria imolado como compensação pelo sinistro; o mesmo critério era utilizado em relação a fraturas, mutilações e outras espécies de danos, causados por culpa ou dolo.

Posteriormente, já nas primeiras décadas da República, por volta do ano 462 a.C., os plebeus ameaçaram a ordem dominante, defendendo prerrogativas mínimas para uma vida um pouco mais cidadã. Terentílio Arsa teria feito eleger uma comissão de cinco membros para redigir um código destinado à plebe, pelo qual esses membros, como consequência, angariaram representabilidade polí-

---

[10] DEUTERONÔMIO: capítulo 19. In: *Vingança ou perdão*. Disponível em: <http://www.monergismo.com/textos/perdao/vinganca_perdao_kayayan.htm>. Acesso em: 08 out. 2006.

[11] DIAS, José Aguiar. *Da responsabilidade civil*. 3. ed. Rio de Janeiro: Forense, 1954, p. 23.

tica e uma maior igualdade nas relações privadas. Este momento representa a terceira etapa histórica do desenvolvimento do instituto da responsabilidade: a tentativa de eliminar da aplicação estatal da Justiça o livre arbítrio, os desmandos e os excessos, comuns às primeiras noções de aplicação desta.

Uma comissão de três membros teria sido mandada à Grécia, por volta do ano 465 a.C., para estudar as Leis de Sólon, já que foi na época deste, ainda por volta de 638-558 a.C, que o célebre legislador ateniense instituiu a democracia, que assinalou o advento da igualdade civil dos cidadãos, com alguns reflexos positivos ante a responsabilização pelo dano praticado.[12] Após o regresso do grupo, dez magistrados patrícios teriam redigido dez tábuas de lei, completadas dois anos mais tarde com duas tábuas suplementares.

Mais do que a definitiva oficialização da Justiça, a Lei das XII Tábuas representa a consolidação histórica da indenização pecuniária como forma de compensação pelo dano. Esta surge através da *composição voluntária* realizada entre as partes, que abdicavam de qualquer tentativa de vingança, ou por intermédio da *composição legal*, semelhante ao exemplo anterior, mas já subvencionada pelo Estado. Sob a análise histórica, este período é imediatamente posterior ao da *Justiça privada* e anterior ao da aplicação da *Justiça estatal*.[13]

Portanto, a chamada "Lei das XII Tábuas" teria sido promulgada por essa época, sob os cônsules Valério e Horácio. Era uma forma de vingança privada que produzia no lesante dano idêntico ao sofrido por ele. Todavia os cidadãos em conflito compareciam perante o pretor, para que este indicasse o preceito que seria aplicado, e eles se comprometiam a aceitar o que viesse a ser decidido.

A diferença entre pena e reparação, porém, preleciona Carlos Roberto Gonçalves,[14] "somente começou a ser esboçada no tempo dos romanos, com a distinção entre os delitos públicos e os delitos privados. Nos delitos públicos a pena econômica imposta ao réu deveria ser recolhida aos cofres públicos e, nos delitos privados, a pena em dinheiro cabia à vítima".

Após a Lei da XII Tábuas, aconteceu o período da composição, quando o prejudicado percebe que é mais conveniente entrar em composição com o autor da ofensa do que cobrar a retaliação, até porque o resultado viria duplicado, pois onde era um, passavam a

---

[12] SOARES, Orlando. *Responsabilidade civil no direito brasileiro*: teoria, prática forense e jurisprudência. 2. ed. Rio de Janeiro: Forense, 1993, p. 2.

[13] CRETELLA JÚNIOR, 1995, p. 304.

[14] GONÇALVES, Carlos Roberto. *Responsabilidade civil*. 8. ed. São Paulo: Saraiva, 2003, p. 5.

ser dois lesados. Seria entrar em composição com o autor da ofensa, que repara o dano mediante a prestação da pena, espécie de resgate da culpa, pelo qual o ofensor adquire direito ao perdão do ofendido.[15]

Alvino Lima refere que a vingança é substituída pela composição a critério da vítima, mas subsiste com o fundamento ou forma de reintegração do dano sofrido.[16]

Foi quando assumiu a direção da composição dos pleitos que a autoridade começou também a punir, substituindo-se ao particular na atribuição de ferir o causador do dano. Evoluiu, assim, da justiça punitiva exclusiva para a justiça distributiva, percebendo que era também atingida por certas lesões irrogadas ao particular, porque pertubavam a ordem que se empenhava em manter,[17] esclarece Aguiar Dias.

Em que pese a relevância da Lei das XII Tábuas em relação à definição da responsabilização, é na Lei Aquília que surge, conforme Dias,[18] um princípio geral regulador da reparação do dano, escopo basilar da responsabilidade civil, agora já desvinculada da penal. Dotada de um rigor processual extremado, limitada à apreciação de determinadas ocorrências e restrita apenas aos cidadãos da *civita*, o esforço jurisprudencial levado a cabo pelo intérprete romano terminou por ampliar sua atuação e efetividade. A busca de uma real reparação do dano sofrido revelou-se um vital predicado para a própria evolução da Justiça, num esforço desta em se aperfeiçoar.

A *lex Aquilia de damno* com influências da jurisprudência e nas ponderações pretorianas, trouxe ao Direito Romano a teia jurídica da responsabilidade civil extracontratual em seus três capítulos. O primeiro estabelecia metodologia e regulamentava os casos de animais e escravos, sendo que os animais eram os de quatro patas, da espécie que pasta em rebanho. O segundo, no dizer de Lima, o dano causado por um credor acessório ao principal, que faz abatimento da dívida com prejuízo do primeiro, e o terceiro fazia referência ao dano por ferimento aos escravos mencionados no primeiro capítulo, ou o perdimento das coisas corpóreas, entendido aqui o perdimento como a perda da função do bem, compreendia as lesões a escravos ou animais e destruição ou deterioração de coisas corpóreas.[19]

---

[15] DIAS, 1954, p. 28.

[16] LIMA, 1938, p. 11.

[17] DIAS, 1954, p. 27.

[18] Ibid., p. 28.

[19] LIMA, Alvino. *Culpa e Risco*. 2. ed. São Paulo: Revista dos Tribunais, 1999, p. 21.

Respeitado posicionamento contrário de autores como Emílio Betti[20] no que tange à interpretação de que a lei Aquilia introduzira a culpa como elemento nodal da responsabilidade civil, a maior parte dos doutrinadores entende que sim, entre eles os renomados Henri e Leon Mazeaud, Savatier, Pirson, e outros.

Trouxe, pois, as bases da responsabilidade extracontratual, criando uma forma de indenização pecuniária do prejuízo com o seu valor. A evolução do Direito Romano continuou a tal ponto que, no último estágio, contemplava não só os danos materiais, mas também os próprios danos morais, consoante destacam Mazeaud et Mazeaud, citados por Aguiar Dias.[21]

E o direito francês, aperfeiçoando as ideias românicas, estabeleceu um princípio geral de responsabilidade civil e, aos poucos, pressupostos que exerceram influências sobre outros povos.

---

[20] BETTI, Emílio. *Diritto Romano*. Padova: CEDAM,1995. v.I, parágrafo 79, p. 421. Diz o autor: "(...) Uma questão acessória é aquela que diz respeito ao caráter da responsabilidade *ex-legge Aquilia* em direito clássico, da classificação da culpa como extremo do delito aquiliano. Alguns indícios renderiam uma conclusão pelo não classicismo da 'culpa'. Existe, de um lado, uma indubitável tendência dos bizantinos a basearem sempre a responsabilidade sobre a culpa. Tal tendência – que vimos afirmar-se vigorosamente na transformação de alguns casos de responsabilidade sem culpa em ilícitos culposos de 'obligatio' quase *ex delicto* – se é validada, naturalmente, também no campo do delito aquiliano, levando a modificar uma série de passos no sentido de ressaltar o requisito da culpa. Por outro lado, é fato que todos os delitos privados do antigo *jus civile*, anteriores à *lex Aquilia*, não davam lugar a outro que – ou a uma responsabilidade por dolo (*furtum* e injuria) ou a uma responsabilidade sem culpa: nunca a uma responsabilidade por culpa. Não somente:também é fato e notório que a própria *lex Aquilia* não colocava a culpa como extremo do prejuízo, mas continha o termo genérico, por assim dizer, resplandecente. Mesmo assim, todos esses fatos não bastam para justificar a tese de que para os juristas romanos, a responsabilidade *ex legge Aquilia* fosse uma responsabilidade objetiva, na qual se caía toda vez que se agisse *non jure*, ou seja, *contra jus*, e que somente os bizantinos a fundamentassem sobre a culpa do agente, entendida não objetivamente como injúria, mas subjetivamente considerada como falta de atenção. (...) Mas o ponto essencial e característico do direito romano é de que a lei deve consultar a conduta típica do cidadão antes de impor-lhe uma obrigação: e que esta não pode nascer espontaneamente, mas tem como pressuposto insuprimível um ato lícito ou ilícito desse cidadão. Bem, a dita concessão traz de volta uma série de fenômenos que serão mostrados mais adiante e se reconecta também à impossibilidade, pelos romanos, de conceber uma *obligatio ex delicto* independente da vontade do cidadão, isto é, baseada em uma responsabilidade objetiva. Não se trata – note-se bem – de que os romanos não conhecessem casos de responsabilidade deste tipo, ao contrário. Mas não podiam reconhecê-la sob a forma da *obligatio* devido ao conceito característico que tinham desta, porque esta configuraria uma *obligatio ex legge*: uma coisa incompreensível para a mentalidade romana. Não podemos jamais esquecer que para os romanos a *obligatio* não era uma simples sanção de um ilícito, nem a única forma de sanção ou coação jurídica. Junto a *obligatio ex delicto* eles conheciam bem outras formas de sanções como junto a *obligatio ex contractu* eles praticavam bem outras formas de coação jurídica. E não é um caso em que um ilícito de origem pretoriana e recente, como o roubo, tenha podido ser reconhecido sem dificuldade como fonte de obrigação: lá onde aqueles ilícitos pretorianos que geravam uma verdadeira responsabilidade objetiva não foram regularizados no *jus civile*, mas somente equiparados ao *obligatio ex delicto* para os efeitos processuais da *actione teneri*. (Tradução livre da autora)

[21] DIAS, 1954, p. 30.

Com a Idade Contemporânea e o advento do Código Civil Francês, este foi um marco acerca da responsabilidade civil fundada na culpa, com base nas lições de Domat, influenciando legislação de todo mundo. O *Code* estabeleceu um princípio geral da responsabilidade civil, abandonando o critério de enumerar os casos de composição obrigatória, restando estabelecido no artigo 1.382 que "todo e qualquer fato do homem, que causa um dano a outrem, obriga o culpado a repará-lo".

Como bem salienta Dias,

> A evolução do direito francês nos tempos modernos se deu através da mais extraordinária obra de jurisprudência de todos os tempos. A tarefa dos tribunais franceses, atualizando os textos e criando um direito rejuvenecido, foi tão importante que não há quem a desconheça, na audácia fecunda que é um dos encantos do gênio francês.[22]

No Direito português são raras as referências, sendo que a mais remota notícia do instituto localiza na invasão dos visigodos a origem da primitiva legislação soberana de Portugal, com acentuado cunho germânico,[23] temperado pelo influxo do Cristianismo e por injunções do meio ambiente.

Já na Espanha, o tema remonta ao reinado de Ferdinando III, quando se converteu o Código visigótico no Fuero Juzgo, fonte do direito peninsular, especialmente para este país, onde prevaleceu como fundo da sua legislação, até o século XIX, sendo que os visigodos não conseguiram estabelecer a diferença entre responsabilidade civil e criminal.[24]

Mas foi o progresso, com o desenvolvimento industrial e a multiplicação dos danos que acabaram por ocasionar o surgimento de novas teorias e a tendência a maior proteção às vítimas. Isso porque, com o uso das máquinas, aumentaram os acidentes e a dificuldade para identificar a culpa pelo dano, e até mesmo quem seria o causador deste.

Conforme salienta Enzo Roppo, a evolução do Direito moderno parece assinalar a progressiva imagem da autonomia da vontade, por causa da extraordinária extensão e desenvolvimento das intervenções legislativas, o que reduz (ou impessoaliza) substancialmente os espaços dentro dos quais pode espraiar-se a autonomia dos sujeitos privados",[25] sendo que a passagem da "teoria da vontade"

---

[22] DIAS, 1954, p. 31.

[23] Ibid.

[24] Ibid.

[25] ROPPO, Enzo. *O contrato*. Coimbra: Almedina, 1988, p. 295-318 e p. 335-348.

à "teoria da declaração" se relaciona, de certa forma, com a socialização do risco e consequências ainda maiores para a abrangência da responsabilidade civil.

Verificou-se, a par da acelerada industrialização, uma maior atividade estatal, bem como a exploração econômica na sociedade massificada, o que justificaria a aplicação daquela teoria emergente. Com o objetivo de tutelar o desenvolvimento dos atos jurídicos, portanto, disciplina-se a figura e os novos contornos conceituais da responsabilidade civil.

Enquanto Savatier desenvolve a noção de responsabilidade civil de forma eminentemente jurídica, como a "obrigação que pode incumbir uma pessoa a reparar o prejuízo causado a outra, por fato próprio, ou por fato de pessoas ou coisas que dela dependam",[26] José de Aguiar Dias, em brilhante síntese, refere que a "responsabilidade não é fenômeno exclusivo da vida jurídica, antes se liga a todos os domínios da vida social".[27]

Pode-se dizer, ainda, que a Revolução Industrial foi um grande marco no que se refere à expansão da responsabilidade civil, "sendo possível verificar um triplo fenômeno do instituto", como explica Fernando Noronha:[28]

> (...) 1) a ampliação dos danos suscetíveis de reparação, consistente na extensão da obrigação de indenizar os danos extrapatrimoniais ou morais, e na tutela dos danos transindividuais, correspondendo os dois aspectos à aspiração da sociedade atual no sentido de que a reparação proporcionada à pessoa seja a mais abrangente possível; 2) o fenômeno da objetivação consiste no progressivo distanciamento desta com relação ao princípio, segundo o qual não poderia haver responsabilidade sem culpa e 3) o fenômeno da coletivização traduz o declínio da responsabilidade individual perante o desenvolvimento de processos comunitários para indenização de diversos danos, especialmente os que atingem a integridade física ou psíquica das pessoas; tais danos são postos a cargo de todo um grupo social, ou mesmo de toda a sociedade.

Assim, até o final do século XIX, o sistema da culpa (modelo subjetivo) funcionava satisfatoriamente. Entretanto, com a introdução do maquinismo no período da referida Revolução, houve a ruptura do equilíbrio, passando a existir grande dificuldade em identificar uma "culpa" na origem do dano e, até mesmo, o causador do dano.

---

[26] RODRIGUES, Sílvio. *Direito civil*. 17. ed. São Paulo: Saraiva; 1999. v. 4: *Responsabilidade civil*, p. 6.

[27] DIAS, José Aguiar. *Da responsabilidade civil*. 10. ed. Rio de Janeiro: Forense, 1997, p. 2.

[28] NORONHA, Fernando. *Desenvolvimento contemporâneo da responsabilidade civil*. *Revista dos Tribunais*, São Paulo, v. 88, n. 761, p. 31-44, mar. 1999, p. 35.

Por conseguinte, lançou-se a ideia da responsabilidade objetiva (modelo objetivo), para resolver os casos em que não se identificava culpa por parte dos protagonistas, descartando-se, pois, a necessidade de culpa subjetiva.

Tomou-se como premissa que essa modalidade de responsabilidade visa a reparação dos danos causados por atividades perigosas, ocasionados por acidentes de consumo, danos resultantes da poluição ambiental, entre outros.

A Responsabilidade Objetiva traz, no entanto, diferentes enfoques, merecendo destaque, consoante a lição de Facchini,[29] as teorias do risco-proveito, do risco-criado e a ideia de garantia.

Pela teoria do risco-proveito, responsável é aquele que tira proveito da atividade danosa, com base no princípio de que, onde está o ganho, aí reside o encargo – *ubi emolumentum, ibi onus*.[30]

Para a teoria do risco-criado, sendo um de seus principais adeptos o doutrinador Caio Mário da Silva Pereira,[31] "aquele que, em razão de sua atividade ou profissão, cria um perigo, está sujeito à reparação do dano que causar, salvo prova de haver adotado todas as medidas idôneas a evitá-lo".

Já a ideia de garantia[32] é utilizada quando, por exemplo, o autor direto do dano é desprovido de bens ou renda, esclarece Facchini.[33] Ou seja, continua ele,

> (...) o legislador ao responsabilizar os pais pelos atos de seus filhos menores, teria visado a assegurar às vítimas a efetivação de seu direito à indenização dos prejuízos injustamente sofridos, direito este que seria comprometido se dependesse unicamente da solvibilidade do autor direto do ato danoso.

Conclui o jurista afirmando que a moderna responsabilidade civil comporta tanto a culpa quanto o risco (modelo misto). Quando a culpa não puder fundamentar o direito à indenização, passa a

---

[29] FACCHINI Neto, Eugênio. *Funções e modelos da responsabilidade aquiliana no novo código*. Revista Jurídica, Porto Alegre, n. 309, jul. 2003, p. 24.

[30] CAVALIERI FILHO, Sérgio. *Programa de responsabilidade civil*. 3. ed. São Paulo: Malheiros, 2002, p. 144.

[31] PEREIRA, Caio Mário da Silva. *Responsabilidade civil*. 3. ed. Rio de Janeiro: Forense, 1992, p. 24.

[32] FACCHINI NETO, 2003, *Funções e modelos da responsabilidade aquiliana no novo código*. Revista Jurídica, Porto Alegre, n. 309, jul. 2003, p. 25. Ressalta Eugênio Facchini Neto que uma ideia, a qual transita sob a mesma denominação, porém com configuração distinta, foi formulada por B.Starck. Diz ele que todos possuem direito à vida e à integridade corporal, da mesma forma que têm direito à integridade material dos bens que lhes pertencem. Existindo esses direitos subjetivos, "eles devem ser protegidos e garantidos pelo Direito (Objetivo)".

[33] Ibid, p. 25.

atuar o modelo objetivo. Isso porque, diz ele, "numa sociedade realmente justa, todo dano injusto deve ser reparado".[34]

Também sobre o tema, relevante o escólio de Rui Stoco,[35] para quem

> (...) A doutrina objetiva encontra maior supedâneo na "doutrina do risco". De um lado, uns mantêm fidelidade à teoria da responsabilidade subjetiva, repelindo a doutrina do risco, de outro lado, há os que abraçam a doutrina do risco, considerando-a substitutivo da teoria da culpa, que seria insatisfatória e estaria superada. Outros admitem a convivência de duas teorias: a culpa exprimiria a noção básica e o princípio geral definidor da responsabilidade aplicando-se a doutrina do risco nos casos especialmente previstos, ou quando a lesão provém de situação criada por quem explora profissão ou atividade que expôs o lesado ao risco do dano que sofreu.

Percebe-se, então, que, diferentemente da responsabilidade subjetiva e seu enfoque individualista, cada vez mais está na ordem do dia a tendência objetiva e coletiva, o aspecto da solidariedade inerente aos direitos de terceira dimensão,[36] mas isso não significa gradativo desaparecimento da responsabilidade subjetiva e individual, pois, certamente essas permanecerão sendo a regra. Trata-se da moldura atual do Direito contemporâneo, na qual a responsabilidade civil deverá estar enquadrada para resolver os conflitos inerentes à nova realidade.

Neste diapasão, merece destaque a doutrina de Luís Renato Ferreira da Silva ao referir que "quando a Constituição Federal, no inciso I do artigo 3º, prevê como um dos objetivos fundamentais da República estabelecer uma sociedade solidária, tendo em vista o que se disse antes sobre o imiscuir do direito civil com o direito constitucional, cabe que se pergunte qual o papel do direito civil neste contexto".[37]

---

[34] FACCHINI NETO, 2003, *Funções e modelos da responsabilidade aquiliana no novo código.* Revista Jurídica, Porto Alegre, n. 309, jul. 2003, p. 26.

[35] STOCO, Rui. *Responsabilidade civil e sua interpretação jurisprudencial:* doutrina e jurisprudência. 3. ed. rev. e ampl. São Paulo: Revista dos Tribunais, 1997.

[36] Para Celso Lafer, mencionado por Ingo Wolfgang Sarlet, os "direitos fundamentais de terceira dimensão, também denominados de direitos de fraternidade ou de solidariedade, trazem como nota distintiva o fato de se desprenderem, em princípio, da figura do homem-indivíduo como seu titular, destinando-se à proteção de grupos humanos (família, povo, nação), e caracterizando-se, conseqüentemente, como direitos de titularidade coletiva ou difusa". Segue Sarlet, referindo desta feita o doutrinador Paulo Bonavides, quando este exemplifica: "dentre os direitos fundamentais de terceira dimensão consensualmente mais citados, cumpre referir o direito à paz, à autodeterminação dos povos, ao desenvolvimento, ao meio ambiente e qualidade de vida, bem como o direito à conservação e utilização do patrimônio cultural e o direito de comunicação. In: SARLET, Ingo Wolfgang. *A eficácia dos direitos fundamentais.* 6. ed. Porto Alegre: Livraria do Advogado, 2006, p. 58.

[37] SILVA, Luís Renato Ferreira. A função social do contrato no novo Código Civil e sua conexão com a solidariedade social. In: SARLET, Ingo Wolfgang (Org.). *O novo Código Civil e a Constituição.* 2ª ed. Porto Alegre: Livraria do Advogado, 2006, p. 149.

Posteriormente o autor conclui: "Ao mesmo tempo que ganha consciência individual, o homem das sociedades complexas perde em autonomia no seio da sociedade. Perde-se a naturalidade no admitir que se depende. (...) Neste tipo de sociedade, a solidariedade que se estabelece é entre órgãos com funções autônomas". Por isso Durkheim a denomina de solidariedade orgânica, pois ela "se assemelha à que observamos entre os animais superiores. De fato, cada órgão aí tem sua fisionomia especial, sua autonomia e, contudo a unidade do organismo é tanto maior quanto mais acentuada essa individuação das partes".[38]

Portanto, necessária a análise da responsabilidade civil dentro desse momento histórico em que se vive, para que seu tratamento seja condizente com as legítimas expectativas da sociedade, mormente no que diz com a proteção efetiva de direitos que dizem respeito a toda coletividade.

1.2. Responsabilidade Civil no Direito Contemporâneo

Não se pode olvidar que o próprio Código Civil Brasileiro, inserido no contexto de mudança de paradigmas, trouxe como significativa novidade em relação ao Código Civil de 1916 a previsão expressa da responsabilidade objetiva, no parágrafo único do artigo 927, instituto até então aplicado com base nas decisões pretorianas e na doutrina, sendo prevista somente em leis específicas como, por exemplo, no código consumerista (Lei nº 8.078/90) e na lei de proteção ao meio ambiente (Lei nº 6.938/81), entre outras, que denotam de forma marcante a mudança do período cujo paradigma era o *Code*, para o dos microssistemas.

Tal constatação se coaduna com a transição maciça no mundo, especialmente nos países da *Civil Law*, do Estado liberal, época das grandes codificações, para o Estado social, quando se superou a ideia rígida de Estado como mero limitador ocasional da liberdade dos agentes econômicos, o que fez apagar a nitidez das fronteiras da tradicional dicotomia entre público e privado.[39]

Neste tocante, elucidativa a doutrina de Gustavo Tepedino,[40] quanto à "fusão" público-privado vivenciada pelo Brasil, com o mo-

---

[38] SILVA, Luís Renato Ferreira. A função social do contrato no novo Código Civil e sua conexão com a solidariedade social. In: SARLET, Ingo Wolfgang (Org.). *O novo Código Civil e a Constituição*. 2ª ed. Porto Alegre: Livraria do Advogado, 2006, p. 150/151.

[39] MORAES, Maria Celina Bodin de. *A caminho de um direito civil constitucional. Revista de Direito Civil, Imobiliário, Agrário e Empresarial*, São Paulo, v. 17, n. 65, p. 23-25. jul./set. 1993.

[40] TEPEDINO, Gustavo. Premissas metodológicas para a constitucionalização do direito civil. In: *Temas de Direito Civil*. Rio de Janeiro: Renovar, 1999, p. 1-22.

vimento de constitucionalização do Direito Civil, ao concluir serem necessários

novos parâmetros para a definição de ordem pública, relendo o direito civil à luz da Constituição, de maneira a privilegiar, insista-se ainda uma vez, os valores não-patrimoniais e, em particular, a dignidade da pessoa humana, o desenvolvimento da sua personalidade, os direitos sociais e a justiça distributiva, para cujo atendimento deve se voltar a iniciativa econômica privada e as situações jurídicas patrimoniais.

Cumpre, então, concordar com Sérgio Seleme[41] no instante em que este menciona ser "a crise da codificação a crise dos próprios caminhos até agora percorridos pelo Direito Civil, que deverão se amoldar a uma sociedade, por assim dizer, perplexa com o final do século e do milênio".

Neste sentido, o Direito Civil (e o Direito, como um todo) não pode ser objeto de análise "estritamente jurídica", até porque não está num compartimento estanque, imune aos movimentos sociais, políticos, econômicos, culturais, devendo, pois, amoldar-se às novas realidades e clamores de determinado momento histórico, sob pena de se tornar ineficaz.

A tal contexto, bem se adapta a visão de Miguel Reale,[42] para quem, mais do que uma ciência jurídico-social, o Direito é uma espécie de experiência cultural, conforme esclarece:

Nesse universo cultural dinâmico, processual, integrativo, e interdisciplinar, o direito é uma espécie de experiência cultural, uma realidade que resulta da natureza histórica e social do homem, apresentando-se sempre como uma síntese ou integração do ser e do dever-ser, de fatos e de valores, quer em experiências particulares, quer na experiência global dos ordenamentos objetivados na história.

Como decorrência deste dinamismo, tem-se que, apesar de a responsabilidade civil possuir, em tese, uma finalidade eminentemente de proteção da esfera jurídica de cada pessoa (ou manutenção do *status quo ante*) através da reparação ou da compensação, quanto aos danos patrimoniais e extrapatrimoniais, respectivamente, a doutrina e a jurisprudência, em especial no ordenamento jurídico alienígena, prevêem atualmente outras funções: de punição (ou sancionatória) e prevenção (ou dissuasória) que, pela repercussão no universo jurídico da contemporaneidade, merecem uma investiga-

---

[41] SELEME, Sérgio. Contrato e empresa: notas mínimas a partir da obra de Enzo Roppo. In: FACHIN, Luiz Edson. *Repensando fundamentos do direito civil brasileiro contemporâneo.* Rio de Janeiro, Renovar, 1998, p. 256.

[42] REALE, Miguel. *O direito como experiência.* apud MARTINS-COSTA, Judith. Os direitos fundamentais e a opção culturalista do novo Código Civil. In: SARLET, Ingo Wolfgang (Org.) *Constituição, Direitos Fundamentais e Direito Privado.* Porto Alegre: Livraria do Advogado, 2003. p 74.

ção cuidadosa para sua compreensão. Inicia-se, por isso, traçando um panorama geral sobre a diferença da responsabilidade civil e a penal, para que fique bem delimitada a esfera de atuação de cada um desses ramos do Direito.

1.3. Diferenciação entre Responsabilidade civil e penal

Foi no Direito moderno que a responsabilidade civil teve seu maior desenvolvimento no campo teórico e prático, como se pode perceber do percurso histórico até aqui transcorrido. Por outro lado, como aduz Eugênio Facchini Neto,[43] ao longo da evolução da cultura jurídica não se distinguia claramente a esfera da responsabilidade civil da sua dimensão penal.

Bentham[44] já observava que as leis são divididas apenas por comodidade de distribuição, pois, segundo ele, "todas poderiam ser colocadas sobre um mesmo plano, sobre um só mapa-múndi, pelo que não há falar-se em diferença ontológica entre ilícito civil e penal" (*sic*). Não se desconhece, todavia, que por muito tempo foi difícil visualizar essa diferença, uma vez que ambas indicavam a violação de um dever jurídico pelo agente.

No entanto, com a evolução do estudo sobre o ato ilícito, passou-se gradativamente a considerar crime quando o ato ilícito praticado infringe uma norma de direito público e tal comportamento perturba a ordem social. A reação da sociedade é representada pela pena. No ilícito civil, o interesse lesado é o privado. Pode não ter sido atingida norma de ordem pública. Todavia, como a conduta do agente causou dano a alguma pessoa, o causador deverá repará-lo. A reação da sociedade é representada pela indenização a ser exigida pela vítima ao autor do dano, segundo a doutrina de Cavalieri Filho.[45]

Faz-se relevante, pois, voltar brevemente ao que foi referido acerca da aproximação da responsabilidade civil com a penal. E, de certa forma, está retornando-se aos primórdios em que se reconhecia como tarefa árdua a diferenciação dos ilícitos civis e os ilícitos penais.

---

[43] FACCHINI NETO. Funções e modelos da responsabilidade aquiliana no novo código. In: *Revista Jurídica*, Porto Alegre, n. 309, jul. 2003, p. 24.

[44] CAVALIERI FILHO, *Programa de responsabilidade civil*. 3. ed. São Paulo: Malheiros, 2002, p. 25

[45] Id., ibid.

1.3.1. Responsabilidade civil e penal e suas finalidades

Na doutrina penal, as sanções há muito têm finalidades bem definidas, em que pesem as discordâncias de alguns autores quanto à efetiva existência de alguma(s) dela(s). Excluindo a teoria abolicionista, que pugna pela substituição do Direito Penal por outros mecanismos de controle social[46] predominantemente administrativos, as teorias justificadoras que continuam apostando na efetividade do direito repressivo, em geral, classificam-se em retribucionistas, prevencionistas e ecléticas ou ressocializadoras, divisão esta de cunho eminentemente didático.

Para os retribucionistas, a pena se justifica por castigar o delinquente, sendo bem representada pela célebre expressão "ao mal do crime é preciso contrapor o mal da pena".[47] No entanto, com a evolução da sociedade, entendeu-se que a concepção da pena sem limites atende muito bem aos regimes totalitários, não podendo prosperar em uma sociedade democrática. Foi na Conferência de Marburgo, em 1822, que Von Lizst, pela primeira vez, abordou o que viria a ser a função de prevenção especial da pena, ou seja, para que, por meio da sanção, o agente reflita sobre seu "erro" e não volte a delinquir. Enquanto a função de prevenção geral seria para evitar que outras pessoas delinquissem, colocando a sociedade "em estado de alerta", reforçando o sentimento de confiança no Direito e, simultaneamente, para que a sociedade disponha de uma boa defesa contra o crime e o criminoso. Por fim, para a corrente dos Ecléticos, a pena visa não só a curar o condenado e a segregá-lo ou neutralizá-lo, no suposto de que é perigoso, mas também a ressocializá-lo e a defender a sociedade do crime em cujo meio o delinquente deve ser reinserido, sem traumas.[48] No sistema pátrio, o artigo 59 do Código Penal e o artigo 1° da Lei n° 7210/84 demonstram essas três finalidades da pena privativa de liberdade.

O foco atual da responsabilidade civil, como preleciona Facchini,[49] tem sido no sentido de estar centrada cada vez mais no imperativo de reparar um dano, do que na censura de seu responsável.

---

[46] Os abolicionistas defendem a tese de substituição do direito penal por mecanismos de gerência do crime, da criminalidade e do criminoso, mais baratos e, segundo eles, mais eficientes (HOULSMAN, Louk. *Penas perdidas*: o sistema penal em questão. Tradução Maria Lúcia Karam. Rio de Janeiro: Editora Luam, 1993)

[47] RODRIGUES, Anabela Miranda. *A determinação da medida privativa de liberdade.* Coimbra: Coimbra, 1995.

[48] BOSCHI, José Antônio Paganella. *Das penas e seus critérios de aplicação.* Porto Alegre: Livraria do Advogado, 2000, p. 128.

[49] FACCHINI NETO, Eugênio. Da responsabilidade civil no novo código. In: SARLET, Ingo Wolfgang (Org.). *O novo código civil e a constituição.* Porto Alegre, Livraria do Advogado, 2003, p. 155.

"Cabe ao Direito Penal a preocupação com o agente, disciplinando os casos em que deva ser criminalmente responsabilizado. Ao Direito Civil, contrariamente, compete inquietar-se com a vítima".

Não se pode deixar de mencionar, contudo, que em nível mundial, já existe uma forte tendência a se buscar, por meio do Direito Penal, através da chamada "Justiça Restaurativa",[50] implantada originalmente na Nova Zelândia, a reformulação do modo convencional de definir crime. Dentro de tal visão, ao invés de o transgressor ser simplesmente punido pelo Estado, como ocorre na Justiça tradicional, ele assume a responsabilidade do que fez e repara seu erro.

Assim, passaria a responsabilidade penal também a se preocupar com a vítima que, enquanto sujeito passivo do delito, seria indenizada pelo prejuízo sofrido. Trata-se de tema incipiente e que incita debate, contudo, seu aprofundamento foge ao que se propõe no presente trabalho.

Há de ser ressaltado, por derradeiro, que *pena*, como *sanção*, não é, portanto, vocábulo exclusivo da seara criminal. Em análise abrangente preleciona Tercio Sampaio Ferraz Junior:[51]

> (...) Deste modo, porém, a imputação de penas é comum ao Direito Civil, tradicionalmente privado, e ao Direito Penal. A única circunstância plausível para distinguir as sanções civis e as penais está em que as relações sancionadas com as últimas (a propriedade, a honra, a liberdade) são consideradas de tamanha relevância, estando em jogo um interesse público tão manifesto, que a elas se atribuía natureza de direito público (...)

Basta ver que o próprio Código Civil prevê inúmeras penalidades, sanções mesmo, com caráter aflitivo pela desobediência a um comando seu.

O Código Civil de 1916 referia-se à cláusula *penal* no artigo 916, sem que haja ali qualquer relação com crime. Igual ocorre nos artigos 408 e seguintes do Código Civil vigente. Por isso, inegáveis as novas e amplas funções que incumbem ao Direito Civil em sede de Responsabilidade, no campo das Obrigações, especialmente para acompanhar a evolução e o acelerado desenvolvimento socioeconômico do País.

---

[50] De acordo com a definição de Mediação em Assuntos Penais, utilizada na Recomendação do Conselho da Europa – CE (99)19, "os processos da Justiça Restaurativa são aqueles nos quais a vítima, o agressor e/ou outros quaisquer indivíduos ou membros da comunidade afetados por um crime, participam ativamente e em conjunto na resolução de matérias decorrentes do crime, muitas vezes com o auxílio de uma terceira parte justa e imparcial. Os exemplos de processo restaurativo incluem círculos de mediação, conferência e de sentença". (PELIKAN, Christa. *Sobre a justiça restaurativa. Newsletter DGAE*, Lisboa, n. 2, p. 9-11, dez. 2003).

[51] FERRAZ JÚNIOR, Tércio Sampaio. *Introdução ao estudo do direito*: técnica, decisão, dominação. 2. ed. São Paulo: Atlas, 1994, p. 145.

1.4. Outras funções da Responsabilidade Civil

É com este espírito que se busca uma reflexão acerca da proposta das funções punitiva e dissuasória da responsabilidade civil, as quais são tratadas, na quase totalidade das vezes, pela doutrina sobre o assunto como *punitive damages* tendo como tradução "danos punitivos, indenização punitiva, pena privada, indenização exemplar," e agora prestações punitivas ou dissuasórias como se entendeu adotar.

Saliente-se, contudo, que apesar do tratamento generalizado, a função da prestação punitiva é uma, e a exemplar é outra, ainda que *o quantum* a ser pago pelo lesante, além da indenização/compensação, seja um único, fixado para ambas as finalidades. Ordinariamente, percebe-se a doutrina chamando de *punitive damages* o valor de condenação que serve para responsabilizar civilmente o agente, a título de punição, mas também abarcando a dissuasão.

Pertinente reiterar que as principais funções da responsabilidade civil continuam sendo a reparatória e a compensatória. No entanto, busca-se incitar a reflexão acerca da possibilidade de, em casos excepcionais, serem vislumbradas outras funções para este ramo do Direito, como as funções dissuasória e punitiva, para atingir um fim pedagógico e uma mudança de postura social.

2. Funções dissuasória e punitiva da Responsabilidade Civil (*exemplary damages* e *punitive damages*)

As prestações punitivas e dissuasórias não se constituem em novidade nos países da *Common Law*, mas, sim, em tema bastante antigo que, apesar de desenvolvido a partir do século XVIII com a denominação que tem atualmente, narra a doutrina que sua formatação inicial remonta ao século XIII,[52] conhecida na época como indenização múltipla. Por esta, o autor do dano era sancionado pela imposição de reparação equivalente a um múltiplo do valor do dano sofrido pela vítima que poderia utilizar-se da ação civil para esta finalidade. A primeira previsão, consoante Robert Blakey, deu-se no *Statute of Councester*, da Inglaterra, em 1278.[53]

No entanto, doutrinadores como o italiano Mauro Peirone asseveram que se encontram alguns traços do instituto ainda mais remotamente na história da humanidade:

> Os danos punitivos não são uma novidade dos países da *Common Law*, mas estão entre as regras mais antigas da História do Direito: encontram-se de fato os traços já no Código de Hamurábi de 2000 a.C. Outros exemplos são encontrados durante o império babilônio, nos anos de 2800 a 1000 a.C., assim como nas leis Hititas, em 1400 a.C., no Código de Manu concebido pelos Hindus no ano 200 a.C. Mesmo nas culturas egípcias e gregas existiam casos de danos punitivos, assim como no Antigo Testamento, referentes a contornos da lei mosaica. Chega-se, assim, ao Direito Romano, pai da tradição jurídica da Europa Continental e dos países da *Civil Law*. O exemplo ilustre nessa cultura se refere ao delito de furto, punido com uma condenação no valor de quatro vezes o do objeto furtado. É interessante notar, antes de tudo, que o ressarcimento deveria ser *in natura*, depois, em um segundo momento, a pena

---

[52] MACIOCE, Francesco. *L'evoluzione della responsabilità civile nei paesi di Common Law*. In: *La responsabilità civile nei sistemi di Common Law*. Padova: Giuffrè, 1989. v.1: Profili generali, p. 5.

[53] BLAKEY, Robert. *Of characterization and other matters: thoughts about multiple damages*. Disponible em: <http://www.law.duke.edu/shell/cite.pl?60+Law+&+Contemp.+Probs.+97+(S ummer+1997>. Acesso em: 05 maio 2006.

passou a ser pecuniária. Por outro lado, ainda que o ressarcimento fosse concedido por inteiro ao prejudicado, as ações vinham definidas por Justiniano como mistas porque para o simples as ações eram civis e para o triplo eram penais.[54]

No Direito Romano, percebe-se, assim, que a combatida expressão "pena privada", tradução amplamente difundida, não se assemelhava à "vingança privada" ou "justiça privada". Mas designava, naquele período clássico, a forma de punição ligada ao *delictum*, que era conceito próprio do *jus civille*.

Elucidativa é a lição de Judith Martins-Costa[55] ao referir que

> (...) já nos anos 30 do século transcurso Pasquale Voci afirmava a vitalidade que o Direito Pretoriano conferia à pena privada no período clássico. Pena privada, entenda-se bem, não como pena aplicada pelos privados ou como resultado de uma justiça privada, mas como forma de punição atrelada ao *delictum*, conceito originalmente próprio ao *ius civile* e, por isso privada e, distinto do *crimen*, ato contrário ao Direito castigado pelo Direito Penal Público.

A "pena privada" era, então, como referido acima, a sanção a uma conduta derivada de uma ação intentada por um privado, e aplicava uma diminuição do patrimônio do réu com o caráter punitivo e não ressarcitório, o que vem elucidado nas palavras de Paolo Gallo:

> Scopo delle varie "actiones poenales private" non era tanto il rissarcimento del danno quanto la sanzione, o la repressione di determinate condotte lesive di interessi privati come per esempio il furto, la rapina e cosi via, da attuarsi mediante la cominazione dell'obligo di devolvere somme più che compensative, multiple dei danni effetivamente subiti.[56]

Contudo, relembra-se que, gradativamente, foi acontecendo a chamada despenalização da responsabilidade civil, visando a uni-

---

[54] PEIRONE, Mauro. *I danni punitivi*. Disponível em: <http://www.studiocelentano.it/publications_and_thesis/Peirone/011.htm>. Acesso em: 15 dez. 2005. "I danni punitivi non sono una novità dei paesi di *Common Law*, ma sono regole fra le più antiche della storia del diritto: se ne trovano infatti le tracce già nel codice di Hamurabi del 2000 A.C. Altri esempi si trovano durante l'impero babilonese, durato dal 2800 al 1000 A.C., così come nelle leggi ittite del 1400 A.C., ed addirittura nel codice di Manu di origine indù del 200 A.C. Pure nella cultura giuridica egiziana e greca vi erano casi di danni punitivi, così come nella Bibbia stessa, che riporta tracce della legge mosaica. Si arriva così al diritto romano, padre della tradizione giuridica dell'Europa continentale e dei paesi di civil law. L'esempio illustre in questa cultura riguardava il delitto di furto, punito con una condanna di ammontare pari a quattro volte la refurtiva; è interessante notare che dapprima il risarcimento doveva avvenire in natura, mentre in un secondo momento la pena è divenuta pecuniaria. Inoltre, sebbene il risarcimento fosse conferito per intero al danneggiato, l'azione venne definita sotto Giustiniano come mista perché per il simplum l'azione era civile e per il triplum era penale".

[55] MARTINS-COSTA, Judith. *Os danos à pessoa no direito brasileiro e a natureza da sua reparação*. *Revista dos Tribunais*, São Paulo, n. 789, jul. 2001, p. 45.

[56] GALLO, Paolo. *Pene private e responsabilità civile*. Milano: Giuffrè, 1996, p. 37.

formizar, cada vez mais, as regras desse instituto e a separar a responsabilidade civil, do Direito Penal. O mencionado autor esclarece que a situação do tema nos países anglo-saxônicos da *Common Law*, nos quais os objetivos sancionadores da responsabilidade civil não estão mais separados de tudo, persiste, nos últimos tempos, sobretudo nos Estados Unidos, uma redescoberta "dei danni punitive".[57]

Todavia, com as adaptações e interpretações necessárias às famílias jurídicas às quais pertence cada país, percebe-se a expansão do instituto jurídico em apreço, já que *mutatis mutandis*, o tema da responsabilidade civil permeia o ordenamento jurídico das mais diversas nações, ainda que com nuanças diferentes na sua disciplina. Os comparatistas, civilistas, enfim, estudiosos do Direito, analisam tal categoria não somente com uma visão pragmática, mas também utilitarista dos *punitive damages*, e, mais recentemente, com uma abordagem econômica destes, utilizando os argumentos mais variados, a favor e contra seu uso, com o foco principalmente nos Estados Unidos, onde o tema é mais difundido, instigando grandes debates nos quatro cantos do mundo.

2.1. As funções punitiva e dissuasória da Responsabilidade Civil no Direito Comparado

Por ser o berço das prestações punitiva e dissuasória (ou exemplar), concentra-se o estudo primeiramente no sistema anglo-saxônico, e mais detidamente nos Estados Unidos, onde maior evolução se deu nas últimas décadas, para, logo após, serem tecidas algumas considerações em relação a outros países, como Itália, França, Alemanha e Portugal, para, só então, chegar-se ao Brasil.

2.2. Os *punitive damages* no Direito Inglês

As funções dissuasória e punitiva da responsabilidade civil tornaram-se conhecidas por meio dos *punitive* (ou *exemplary*) *damages*, expressão utilizada pela primeira vez em 1763, nos casos *Huckle v. Money*,[58] quando uma pessoa foi presa sem motivo, tendo permanecido no

---

[57] GALLO, 1996, p. 38.

[58] 95 Eng. Rep. 768 (K.B. 1763). *Case: Huckle v. Money.* (KOENIG, Thomas H.; RUSTAD, Michael L. *Defense of tort law.* New York: New York University, 2001, p. 14. Ver também GALLO, 1996, p. 47).

Funções da Responsabilidade Civil
DA REPARAÇÃO À PUNIÇÃO E DISSUASÃO

cárcere por seis horas. Os julgadores entenderam oportuno conceder a·ela uma quantia de trezentas Libras excedentes ao dano efetivamente sofrido; e, no mesmo ano, no processo *Wilkes v. Wood*,[59] contra a mesma vítima, só que, desta feita, os funcionários do Rei George III arrombaram e fizeram buscas ilegais na residência, sem qualquer mandado judicial. Em ambos os casos, o lesado era um tipógrafo que tornava públicas as suas opiniões desfavoráveis ao Rei George III, através da publicação de seus artigos. A imposição dos *punitive damages* foi justificada como forma de punir os funcionários do Rei e também para impedir que eles voltassem a violar os direitos dos cidadãos.[60]

Tais casos foram marcantes porque consagraram o princípio da reparação dos danos causados por funcionários do Rei, sendo o caso *Huckle* ainda mencionado quando estão em jogo situações de abuso de autoridade, ressaltando-se que ficaram célebres por isso e por terem sido as primeiras decisões a reconhecerem a existência de novas funções na responsabilidade civil extracontratual.

As prestações punitivas e dissuasórias se foram formando, assim, como *standards* do respeito pelo direito à reserva da vida privada e pela liberdade do indivíduo contra abusos de poder.[61]

Além disso, o instituto também era utilizado quando não havia envolvimento de relações hierárquicas, mas entre particulares, para autores de insultos, assaltos e agressões físicas, violação de propriedade, ou ainda sedução de mulher donzela. A fim de verificar a necessidade de atribuição do instituto, os jurados observavam circunstâncias como a intenção do agente, a sua forma de atuação e a todas aquelas que rodeavam seu comportamento. Ou seja, utilizava-se a responsabilidade civil para punir e dissuadir condutas consideradas infames, intoleráveis, humilhantes, vexatórias, agressivas ou mesmo violentas, numa sociedade regida por rigorosos padrões morais.[62]

Pertinente destacar a menção feita por Judith Martins-Costa e Mariana Pargendler[63] ao afirmarem que

---

[59] 98 Eng. Rep. 489 (K.B. 1763). Neste caso, John Wilkes era um político opositor do regime do Rei George III, tendo denunciado o autoritarismo do monarca através de numerosos escritos, tendo o Tribunal declarado: "a jury have it in their power to give damages for more than the injury received. Damages are designed not only as a satisfaction to the injured person, but likewise, as a punishment".

[60] LOURENÇO, Paula Meira. Os danos punitivos. In: *Revista da Faculdade de Direito da Universidade de Lisboa*. Coimbra 2002, p. 1028.

[61] GOMES, Júlio Manoel Vieira. Uma função punitiva para a responsabilidade civil e uma função reparatória para a responsabilidade penal? In: *Revista de Direito e de Economia* 1989, p. 105-144.

[62] LOURENÇO, 2002, p. 1028-1029.

[63] MARTINS-COSTA, Judith; PARGENDLER, Mariana Souza. Usos e abusos da função punitiva. In: *Revista da AJURIS*, Porto Alegre, v. 32, n. 100, 2005.

(...) no decorrer do século XIX, tanto nos Estados Unidos como na Inglaterra, o conceito de *actual damages* (categoria que representa os danos efetivos, na qual se incluem os danos compensatórios) foi ampliado, de modo a abarcar o prejuízo intangível. Como conseqüência, a função originalmente compensatória dos *exemplary damages* foi transferida aos *actual damages*, e as Cortes foram levadas a falar dos *exemplary damages* em termos de *punishment* e *deterrence*.

Com o tempo, os casos com aplicação dos *exemplary (ou punitive) damages* na versão em que hoje se apresentam se foram avultando, sendo que, enquanto no Continente Europeu a pena privada entrava em desuso, na Inglaterra esta ressurgia, como lembra Paolo Gallo:[64]

na verdade, também a Inglaterra, em tempos mais recentes, registra uma quantidade grande de arestos redimensionando a possibilidade de ações relativas à pena privada, servindo como precedente de referência a decisão da *House of Lords* inglesa no caso *Rooks v. Barnard (1964 – A. C. 1129)*, segundo o qual somente em três casos será possível fazer uso do instituto em comento, diz ele: "quando ocorrer um desrespeito a um direito fundamental do cidadão pela Administração Pública, quando houver uma clara intenção do agente de obter um lucro injustificado para o qual não receberá qualquer sanção ou, ainda, quando as prestações punitivas estiverem expressamente previstas em "disposições legais" (*statutes*).[65] (tradução livre da autora)

A tendência restritiva da jurisprudência inglesa foi confirmada por decisões posteriores que se repetem até hoje, mesmo porque o país tem um sistema judicial extremamente conservador. Por outro lado, tais parâmetros não interessaram aos demais países da *Common Law*, como, por exemplo, o Canadá, Austrália, Nova Zelândia e os Estados Unidos, pois neste, especialmente, o assunto recebeu contemporaneamente grande atenção e desenvolvimento. Daí a relevância da análise mais detida do instituto na América do Norte.

2.3 Os *punitive damages* nos Estados Unidos da América

Foi na segunda metade do século XX que houve efetiva disciplina da responsabilidade civil como um ramo autônomo do Direito

---

[64] GALLO, 1996, p. 48.

[65] Ibid., p. 48. Per la verità anche in Inghilterra, in tempi più ricente, si è registrata una batuta d'arresto ed um netto ridimensionamento del possibile campo d'azzione delle pene private. Il precedente giurisprudenziale al qualle occorre far riferimento è costituito da uma decisione della House of Lords inglese: Rookes v. Barnard.In base a questa decisione sarebbe infatti possibile far riccorso alle pene private solo in ter ipotesi molto bene definita: a) quando vi è una compressione di diritti fondamentali dei cittadini de parte della publica amministrazione; b) quando vi è una precisa intenzione del soggetto daneggiante di ottenere un lucro ingiustificato che non troverebbe altrimenti sanzione; c) quando i danni punitivi siano espressamente previsti da disposizioni di legge.(...)

nos Estados Unidos. Isso porque, com o crescimento da população e, principalmente, da industrialização, novos e maiores problemas surgiram do convívio social e daí a urgência de um aprimoramento jurídico para dirimir os conflitos que passavam a se acumular.

Nesse período, o Direito da Inglaterra era cada vez menos invocado pelos norte-americanos, que clamavam por regramentos próprios, compatíveis com a sua realidade de recente independência. Contudo, o método básico, a maior parte do vocabulário e muitos princípios e noções da *Common Law* permaneceram tão usuais nos Estados Unidos como na Inglaterra, como refere o Professor Farnsworth, na sua obra "Introdução ao Sistema Jurídico dos Estados Unidos".[66]

Segundo Zweigert e Kötz, referindo-se ao Direito Norte-Americano

> Con la fine della guerra civile iniziò negli Stati Uniti un periodo di frenetica espanzione econômica. La conquista del West americano, con la realizazzione di ferrovie, la costruzione di nuove industrie e lo sfruttamento delle risorce minerarie, fece in pochi decenni passi da gigante. Tutto ciò creò la necessità di nuove forme giuridiche nel campo del diritto societario, delle asscurazioni, dei trasporti, delle garanzie del credito, delle banche e della Borsa.[67]

Em tal quadrante histórico, dentro da evolução do Direito naquele país, inseriu-se a necessidade da disciplina da responsabilidade civil, o que se deu pelo instituto denominado *Tort Law*.

O Direito norte-americano tem como fontes precípuas a doutrina do precedente, *stare decisis*, pela qual as decisões devem estar baseadas na jurisprudência estabelecida em casos anteriores (*stare decisi et non quieta movere*), além da Lei escrita editada pelo Congresso e legislaturas estaduais do país, *Statute law*, e da *Equity*, conjunto de regras e modo de decidir que, baseados em princípios de justiça,[68] são mais adequados a casos concretos, vindo algumas dessas regras a constituir regras gerais. Utilizam-se, ainda, do *Standard*, da *Costumary Law*, e do *Restatement*.[69]

---

[66] FARNSWORTH, E. Allan. *Introdução ao sistema jurídico dos Estados Unidos*. Tradução Antônio Carlos Diniz de Andrada. Rio de Janeiro: Forense, 1963, p. 16-18.

[67] ZWEIGERT, Konrad; KÖTZ, Hein. *Introduzione al diritto comparato*. Milano: Giuffrè, 1998. v. 1: Principi fondamentali, p. 294

[68] LEME, Lino de Moraes. *Direito civil comparado*. São Paulo: Revista dos Tribunais, 1962, p. 64.

[69] SILVEIRA, Alípio. *Introdução ao direito e à justiça norte-americanos*. São Paulo: Imprensa Oficial do Estado, 1962, p. 8-22. O autor esclarece que o *Standard* é direcionado ao julgador, tem por finalidade prescrever o tipo médio de conduta social correta, para categoria determinada de atos que se trata de julgar; O *Costumary law* é o costume jurídico resultante do uso continuado dos interessados, do povo, diferenciando-se dos precedentes judiciários. O *Restatement*, por sua vez, significa uma compilação impressa do direito norte-americano sobre determinados temas, realizado por juristas e promulgado pelo *American Law Institute*.

Fazendo uso desses "instrumentos", o Direito Privado nos Estados Unidos, a despeito de sua fragmentação, sedimentou-se em seis títulos principais: contratos, atos ilícitos, propriedade, direito de família, direito comercial e empresas comerciais, conforme preleciona Allan Farnsworth em sua obra "Introdução ao sistema jurídico dos Estados Unidos".[70]

René David, em "O Direito Inglês",[71] afirma que "a rubrica Direito das Obrigações, em compensação, não é conhecida na Inglaterra, onde só encontramos obras referentes a delitos civis (*torts*), de um lado, e ao direito dos contratos (*contract*), de outro", sendo possível asseverar que da mesma forma ocorre na América do Norte.

Nesse país, há uma divisão bem clara e estanque dos temas denominados *contract* (contratos) e *torts* (responsabilidade derivada de atos ilícitos), que corresponderiam, de certa forma, no sistema brasileiro, à responsabilidade civil contratual e extracontratual.

O direito contratual (*Contract Law*), nos Estados Unidos, como na maioria dos sistemas jurídicos, diz respeito à efetivação das obrigações estipuladas, baseando-se nas expectativas advindas de promessas expressas ou implícitas, assumidas de forma voluntária pelas partes.[72]

Já a *Tort Law* (responsabilidade civil decorrente de atos ilícitos) objetiva, resumidamente, proteger interesses pessoais e/ou sociais, restabelecendo a(s) pessoa(s), vítima(s) de determinado prejuízo, ao *status quo ante* (*compensatory damages*), além de punir o responsável (pessoa física ou jurídica) pela prática do dano causado a essa vítima e dissuadir este e a sociedade em geral de praticar semelhante conduta (*punitive damages* e *exemplary damages*).

A doutrina norte-americana define a *Tort* como "um evento que decorre da ação ou omissão de outra parte, que causa dano ao corpo humano ou à personalidade, à propriedade, ou aos interesses econômicos, em circunstâncias nas quais o Direito considera justo obter uma compensação da pessoa que agiu ou deixou de agir".[73]

Necessário para o objetivo deste trabalho, então, fixar o olhar sobre o campo da *law of torts* que na *Common Law* traduz, como salientado, a ideia de responsabilidade civil decorrente de atos ilícitos,

---

[70] FARNSWORTH, 1963, p. 151.

[71] DAVID, René. *O direito inglês*. Tradução Eduardo Brandão. São Paulo: Martins Fontes, 1997, p. 107-10.

[72] FARNSWORT, 1963, p. 151.

[73] SHAPO, Marshall S. *Principles of tort law*. 2. ed. Minessota, USA: Thompson West, 1999, p. 3.

correspondente, no Brasil, ao que se classifica como responsabilidade civil extracontratual.

2.3.1. A Tort Law *nos Estados Unidos*

A seara das condutas ilícitas abrange um grupo de infrações de ordem civil, além da infração contratual, as quais interferem com a pessoa, a propriedade, a reputação, ou com os direitos de ordem comercial ou social.

Como a *Tort law*, consoante a explicação de Marshall Shapo,[74] "engloba um conjunto de normas que regula ações civis decorrentes de prejuízos causados por transgressões de outros, e os casos de responsabilidade civil são tão variados quanto as atividades humanas que criam risco de dano".

Comparando a responsabilidade civil do Direito Norte-Americano com a responsabilidade civil inglesa, destaca Zeno-Zencovich:

> il sistema di responsabilità che si é fermato negli Stati Uniti d'America si diferenzia da quello inglese soprattutto con riferimento alle ipotesi di responsabilità oggetiva, aggravata o per il fatto altrui (...). Ciò che conta è l'oggettiva violazione di un obbligo socialmente riconosciuto (...), la negligenza deve essere provatta dal dannegiato; tuttavia quando l'evento dannoso è del genere che solitamente non si verifica quando il comportamento è diligente, e dunque la violazione di standard of care si presume.[75]

Para o doutrinador italiano,[76] há alguns aspectos que diferenciam a *tort law* norte-americana da inglesa. Um deles, acima mencionado, o uso da negligência e sua prova para ensejar a responsabilização civil, referindo-se, o jurista, ainda, ao caso da responsabilidade objetiva (*strict liability*) quando se verifica a inobservância de um dever de cuidado-padrão do *homem médio*, dando-se principalmente nas atividades de risco. Outro aspecto importante a diferenciá-los é o que diz respeito ao ressarcimento dos danos. Isso porque, além do objetivo reparatório (*compensatory*) através das *punitive e/ou exemplary damages*, o agente causador do dano é condenado a pagar um valor, a título de punição, a ele e/ou para servir de exemplo, para desencorajá-lo de praticar novo ilícito e para dissuadir as pessoas que operam no mesmo setor de fazê-lo.[77]

---

[74] SHAPO, 1999, p. 2.

[75] ZENO-ZENCOVICH, Vicenzo. *La responsabilità civile.* In: ALPA, Guido et al. *Diritto privato comparato:* istituti i problemi. [s.l.]: Laterza, 1999, p. 255.

[76] Ibid, p. 255-256.

[77] ZENO-ZENCOVICH, 1999, p. 255.

Em geral, os doutrinadores norte-americanos dividem o estudo das *torts* em três grandes campos: *intentional torts, negligence and strict liability*,[78] havendo diferentes subdivisões que mudam de um Estado para outro da Federação Americana. A primeira (*intentional torts*) se refere à responsabilidade civil derivada de atos ilícitos praticados intencionalmente; a segunda (*negligence*), dos atos ilícitos acarretados por negligência do agente, e a terceira é a responsabilidade objetiva que deriva da inobservância de uma conduta que deve ser sempre seguida, especialmente no desempenho de atividades consideradas de risco.

Nesta esteira, o objetivo do ramo do Direito que regula os atos ilícitos é eminentemente compensatório. Contudo, não é recente na *Common Law* o uso dos *punitive (ou exemplary) damages*, instituto que visa a punir o agente que causa um prejuízo a terceiro, bem como a dissuadir este e as demais pessoas da sociedade, da prática de conduta semelhante, como se passa a analisar em seguida.

2.3.2. Definição de punitive e exemplary damages. Principais casos de admissibilidade

Dentre os cinquenta estados norte-americanos, é possível encontrar em cada uma das unidades da Federação que utilizam o instituto (já que cinco não adotam os *punitive damages*: Louisiana, Massachussets, Michigan, Nebraska e Washington),[79] bem como, entre a plêiade de juristas da *Common Law*, diferentes contornos para este.

Os *punitive damages*, porém, são assim definidos no *Restatement of torts*:[80] "Indenização que não a compensatória ou nominal, conce-

---

[78] Como condutas abrangidas pela responsabilidade civil, no que concerne a *Intentional Torts*, responsabilidade por atos ilícitos intencionais (condutas dolosas), tem-se o roubo (*Assault*), as lesões corporais (*Battery* – inclusive violência doméstica e sexual), violação de privacidade (*Intrusion*), a submissão de pessoa à sofrimento exacerbado, angústia (*Distress*), entre outras condutas. Já a *Tort of Negligence* abarca todas as condutas em que foi descumprido um dever de cuidado, podendo este ser estabelecido previamente em *Statutes*, ou tirados de casos concretos após seus julgamentos, transformando-se em *standards e restatements*. Já a *strict liability* versa sobre os casos de responsabilidade objetiva, remontando a doutrina ao *leading case* de 1868, julgado pela House of Lords, Inglaterra, *Rylands v. Flechter*, quando o réu foi condenado por ter causado prejuízo a outrem após a prática de uma atividade de risco (L.R. 3 H.L.330 (1868)) e nos Estados Unidos em 1938, foi inserido pelo *restatement* que referiu pela primeira vez a constatação de "abnormally dangerous activities"(Restatement of Torts §519-520 (1938)). (SHAPO, 1999, p. 12).

[79] DICKERSON, Thomas A. *Class Action*: the law of 50 states. Law Journal Press, 1988, p. 133.

[80] Restatement (second) of torts § 908 (1979). (LOURENÇO, 2002, p. 1030): "damages, other than compensatory or nominal damages, awarded against a person to punish him for his outrageous conduct and deter him and others like him from similar conduct in the future".

dida contra uma pessoa para puni-la por sua conduta ultrajante e dissuadi-la, e outras como ela, de praticarem condutas semelhantes no futuro".

A expressão foi utilizada pela primeira vez no Reino Unido, em 1763, como referido, e em 1784 foi julgado o primeiro *leading case* com o nome de *punitive damage* na América do Norte, conhecido por *Genay v. Norris*,[81] no qual um médico havia colocado veneno no copo do seu paciente, o que lhe causou enormes dores.

A finalidade das prestações punitivas está bem definida na manifestação do *Justice Stevens*,[82] membro da Suprema Corte Norte-Americana, quando do julgamento do paradigmático caso *BMW of North America, Inc. v. Gore*, o qual fixou novos parâmetros para a constitucionalidade da matéria naquele país:

> [...] Punitive damages may properly be imposed to further a State's legitimate interests in punishing unlawful conduct and deterring its repetition. (Prestações punitivas podem ser corretamente aplicadas para promover o legítimo interesse do Estado em punir condutas ilegais e em evitar sua repetição. (Tradução livre da autora)

René David[83] explica com propriedade que "no direito dos *torts* (*law of torts*), que ele comporta, é necessário relacionar a um '*tort*' determinado, individualizado outrora por regras processuais, ao comportamento do adversário que causou um dano e em virtude do qual espera-se obter uma indenização".

Aspecto que merece destaque no tema, como objeto principal deste trabalho, são os objetivos buscados com o uso da prestação pecuniária, referentes a danos extrapatrimoniais decorrentes de condenações advindas da prática de atos ilícitos. Além da fixação de um *quantum* com o fim de compensar (ressarcir, indenizar) o prejuízo sofrido por estas, ao aplicarem os *punitive* (ou *exemplary*) *damages*, normalmente vultosas quantias em dinheiro, o Estado norte-americano visa também a demonstrar que determinadas condutas são mais censuráveis e, portanto, não aceitas no país. Por isso, com a concessão dos *punitives*, está igualmente pretendendo-se evitar que semelhantes condutas sejam praticadas e, consequentemente, outras vítimas (determinadas ou indeterminadas) lesadas.

---

[81] *Restatement (second) of torts* § 908 (1979). (LOURENÇO, 2002, p. 1030)

[82] BMW of North America, Inc. v. Gore, 517 U.S. 559 (1996). (ESTADOS UNIDOS DA AMÉRICA. Suprema Corte. *Opinion of justice stevens*. Disponível em: <http://www.cortland.edu/polsci/bmw.html>. Acesso em: 10 mar. 2007).

[83] DAVID, 1997, p. 108.

Há de ser ressaltado, ainda, que sua função é distinta do Direito Penal, que se ocupa precipuamente com a punição do agente transgressor, aplicando-lhe uma pena, sendo que a vítima, por sua vez, pode não obter compensação pelo dano sofrido. Ademais, pode haver condenação do autor de um ilícito na esfera criminal e também na esfera civil pela prática de uma única conduta, já que a finalidade da *Criminal Law* e da *Tort Law* é diferente, conforme mencionado.

Nos Estados Unidos, os *punitive damages* têm sido aplicados reiteradamente, com as peculiaridades que variam de um Estado para outro da Federação, conforme referido, para os casos de negligência grosseira (*gross negligence*), responsabilidade objetiva (*strict liability*), responsabilidade civil pela quebra de alguns pactos contratuais.

2.3.2.1. Negligência grosseira

As prestações punitivas com base na "negligência grosseira" vêm sendo aplicadas, por exemplo, na seara dos acidentes de trabalho e do erro médico.

No início do século XX, os *statutes* de alguns Estados reconheceram que o cônjuge viúvo e os herdeiros tinham direito a receber quantia imposta a título de prestação punitiva nos casos de morte de trabalhador, em virtude de uma ação ou omissão voluntária, ou por negligência grosseira da entidade patronal, sendo exigido, contudo, que a família fizesse prova da negligência grosseira, ônus difícil de atender. Somente no final do século, a jurisprudência passou a flexibilizar o ônus da prova do lesado ou familiares, inspirados na doutrina da responsabilidade civil objetiva do empregador em matéria de acidente de trabalho.[84]

No caso *Burk Royalty Co. v. Walls*, o Supremo Tribunal do Texas fundamentou a decisão distinguindo a *ordinary negligence* da *gross negligence*, enunciando que, nesta última, poderão ser impostos *punitive damages*, pois o agente adota ou omite determinada conduta, demonstrando uma indiferença consciente em relação aos direitos, bem-estar e segurança do lesado, e por outro lado, permitiu que da prova dos fatos, circunstâncias e condições que rodearam o caso concreto, se presumisse a existência da indiferença do lesante.[85]

---

[84] LOURENÇO, 2002, p. 1035.

[85] Nessa decisão, afirma-se: "The plaintiff must show that the defendant was consciously, i.e., knowingly, indifferent to his rights, welfare and safety. In other words, the plaintiff must show that the defendant knew about the peril, but his actions or omissions demonstrated that he didn't care. Such conduct can be active or passive in nature. [...] a mental state may be inferred from actions. All actions or circumstances indicating a state of mind amounting to a conscious indifference must be examined in deciding if there is some evidence of gross

No tocante à negligência médica (*medical malpractice*), foi no final da década de setenta que começaram a surgir os primeiros casos jurisprudenciais de negligência grosseira em tratamentos médicos, nos quais se impuseram prestações punitivas a esses profissionais, ainda que o médico conseguisse provar que tinha agido com os cuidados adequados às circunstâncias.

Para fundamentar as ações por erros médicos, os pacientes devem alegar que esses profissionais realizaram procedimentos médicos com algum tipo de fraude, como, *v.g.*, o procedimento ter consistido numa agressão porque feito sem o seu consentimento ou porque este foi obtido através de uma fraude do médico, nisso se caracterizando a *gross negligence*. Na verdade, preza-se por uma política da maior informação possível, cabendo aos médicos explicarem a seus pacientes todas as intervenções que precisam ser feitas antes de iniciarem seus trabalhos, para que a pessoa diga se quer ou não se submeter a elas.

A doutrina afirma que o conceito de *informed consent* estabelece uma ponte entre o fundamento na negligência (*negligence*) e na agressão física (*battery*) da *tort law*, pelo que esse conceito recebe um tratamento jurídico específico (*Medical Tort*), embora os tribunais tenham entendido fundar-se a responsabilidade na negligência.[86]

Os médicos têm regras de conduta estabelecidas em cada Estado, as quais seriam "procedimentos médicos padrão" (*standards*), utilizados para cada tipo de situação, sendo que, em nível nacional, também há esse rol. Ao transgredir algum desses procedimentos pode o profissional ser processado, levado a julgamento e condenado pelo ilícito, inclusive ao pagamento de *punitive damages*. Cabe ao réu comprovar, portanto, que agiu de acordo com os padrões estabelecidos para o caso em concreto.

Assim, em razão de reiterados problemas e demandas jurídicas contra os médicos, hospitais e clínicas, aumentou o uso da chamada medicina defensiva, como informa Ponzanelli. Isto significa que, apesar de toda a tecnologia de ponta existente no país, os médicos optam por utilizar métodos que minimizem a possibilidade de risco, ou seja, de um resultado imprevisto pelo uso de novas técnicas e equipamentos. Isto também tem levado a uma reforma estatal, até mesmo legislativa, a fim de ser regulamentada com maior rigor a atividade, estabelecendo-se um conjunto de normas rígidas para a atuação dos profissionais, a qual será fiscalizada pelo *Professional*

---

negligence" (DEMAREST, Sylvia M. *The history of punitive*, p. 551-552. *apud* LOURENÇO, 2002, p. 1035).

[86] SHAPO, 1999, p. 113-114 e p. 127-128.

Standards Review Organizations, e, ao mesmo tempo, um outro conjunto para disciplinar os contratos de seguro referentes à responsabilidade médica extracontratual, dando o norte para a sua concessão.[87]

2.3.2.2. Responsabilidade civil objetiva

Outro enfoque importante para ilustrar a aplicação das prestações dissuasórias ou punitivas nos Estados Unidos é o caso da responsabilidade civil objetiva.

Por muito tempo, entendeu-se que deveria haver a comprovação da culpa do agente e o grau em que esta se deu para que somente então pudesse ser considerada a hipótese de condenar a tais prestações. Contudo, apesar da divergência existente até hoje acerca da aplicação dos *punitive damages* à responsabilidade civil objetiva, com a contínua ocorrência de danos causados às pessoas, passou-se a entender a possibilidade de serem eles invocados em alguns casos, com a finalidade de punir os agentes provocadores dos danos e, principalmente, evitar que novos viessem a ser praticados pelo mesmo motivo, sendo exemplificativa a responsabilidade objetiva do produtor.

Giulio Ponzanelli refere sobre o tema:

> La grande novità legata all'afermarsi del principio di strict liability sta nell fatto che la condotta del sogetto produttore è divenuta normalmente irrelevante in termini di diritto, non essendo basata la sua responsabilità su una sua colpa, ma sul fatto oggetivo di avere colocado nel mercato um prodotto unreasonably dangerous o defective.[88]

A primeira vez que se falou em responsabilidade civil objetiva do produtor, nos Estados Unidos, foi em 1944, no caso *Escola v. Coca Cola Bottling Co. of Fresno*[89] quando uma garrafa de Coca Cola havia

---

[87] PONZANELLI, Giulio. *La responsabilità civile:* profili di diritto comparato. Bologna: Il Mulino, 1992, p. 200-202.

[88] PONZANELLI, Giulio. *I punitive damages nell'esperienza nordamericana.* Apud LOURENÇO, 2002, p. 1039.

[89] The plaintiff was a waitress in a restaurant. While she was placing bottles of Coca-Cola into the restaurant's refrigerator, one of them exploded in her hand, causing her to be severely injured. The plaintiff alleged that the defendant had been negligent in selling "bottles containing said beverage which on account of excessive pressure of gas or by reason of some defect in the bottle was dangerous (...) and likely to explode". However, she could not show any specific acts of negligence on the part of the defendant and announced to the court that she relied on the doctrine of res ipsa loquitur exclusively. That doctrine--literally, "the thing speaks for itself"--is invoked where the action of the defendant is so obviously faulty that simply pointing out the action is proof enough of fault. Here the plaintiff uses res ipsa loquitur because only a defective Coke bottle will explode. The California Supreme Court, speaking through Gibson, C.J., affirmed the judgment for the plaintiff below. What has come to be famous is the following concurring opinion by Justice Traynor. Apud: http://www.law.berkeley.edu/faculty/rubinfeldd/LS145/escola.html. Acesso em: 10 mar. 2006.

explodido na mão de uma garçonete, deixando-a gravemente ferida. Foi considerada a existência de defeito na garrafa, sendo que o *Justice Traynor*, com seu voto divergente (pois o caso seria resolvido com base na negligência e no princípio *re ipsa loquitur*[90]), elenca as vantagens legais à introdução do regime da responsabilidade objetiva.

Posteriormente, em *Greenman v. Yuba Power Products, Inc.*,1963,[91] a Suprema Corte da Califórnia veio a reconhecer e aplicar, como fundamento da condenação, a responsabilidade objetiva do produtor, aduzindo que "um fabricante é objetivamente responsável (*strictly liable*)". Tratava-se de uma ferramenta que, ao ser utilizada, causou ferimentos sérios na testa do consumidor, que o manejava de acordo com as instruções passadas pelo produtor. A perícia atestou que se tivessem colocado de outra forma os parafusos no instrumento, o acidente poderia não ter acontecido.

No entanto, as prestações punitivas não foram utilizadas porque a Jurisprudência americana ainda entendia que estas não tinham cabimento, pois isso só ocorreria nos casos de culpa. Somente no ano de 1976, David Owen publica um artigo sobre *"Punitive damages in products liability litigation"*, defendendo sua aplicação nesta área, o qual ficou conhecido como o estudo doutrinário que maior número de vezes foi citado pelas decisões jurisprudenciais norte-americanas, acerca da responsabilidade civil do produtor. Assim aconteceu no caso *Gryc v. Dayton Hudson Corp*,1980,[92] referente a uma roupa feita de algodão, cujo material era demasiadamente fácil de pegar fogo, tendo causado, em uma menina que a vestia e se aproximou de um fogão elétrico, queimaduras graves, tendo, então, sido o fabricante condenado a pagar 750.000 dólares de indenização e 1.000.000,00 de dólares de *punitive (ou exemplary) damages.*

Dessarte, os tribunais norte-americanos vêm entendendo que as prestações punitivas devem ser utilizadas quando houver a colocação no mercado de produtos perigosos ou defeituosos, pelos produtores que conhecem tais vícios ou não fazem os testes de segurança, demonstrando, assim, flagrante indiferença pela segurança, saúde ou bem-estar dos consumidores.

---

[90] *RES IPSA LOQUITUR* – a coisa fala por ela mesma. Refere-se às situações quando se admite que o dano à pessoa foi causado pela negligência de outra, porque o acidente não teria ocorrido a menos que alguém agisse com negligência.

[91] BIERS, Sam. *Greenman v. Yuba Power Products, Inc.*, 59 Cal.2d 57 [27 Cal.Rptr. 697, 377 P.2d 897, 13 A.L.R.3d 1049] (1963). Apud: http://www.4lawschool.com/torts/yuba.shtml. Acesso em: 19 maio 2006.

[92] BIERS, Sam. *Gryc v. Dayton Hudson Corp*, 297 N.W.2d 727 (Minn. 1980). Apud: http://www.4lawschool.com/torts/dayton.shtml. Acesso em: 19 maio 2006.

Ponzanelli tipifica os casos de responsabilidade civil objetiva do produtor em: condutas comerciais fraudulentas; violação de normas legais relativas à segurança dos produtos; inadequada verificação ou controle de qualidade do produto; desrespeito ao dever de informação sobre os perigos da utilização do produto e o descumprimento da obrigação de eliminar os defeitos conhecidos ou cognoscíveis, mesmo depois de o produto entrar em circulação.[93]

Percebe-se que as situações nas quais à responsabilidade civil objetiva podem ser acrescidas as funções punitivas e dissuasórias são, tão-somente, aqueles casos em que, apesar de ser conhecedor do risco que o produto oferece à sociedade, o produtor mostra-se indiferente ao resultado, não tomando qualquer atitude no sentido de evitar um dano que seria evitável. Ou seja, tem-se maior dificuldade em vislumbrar a necessidade de punir e dissuadir, nas situações em que, dentro da margem de seu conhecimento técnico, os profissionais comportaram-se de forma a promover a maior segurança e tranquilidade possíveis ao destinatário do seu labor; pois, quando houvesse, ainda assim, prejuízo ao consumidor, seria adequada e suficiente a condenação, para o fim de indenizar e compensar as vítimas.

Paradigmático, para elucidar o uso adequado das funções punitiva/dissuasória em sede de responsabilidade objetiva, é precedente conhecido como *Pinto Case* ou *Exploding Pinto*, que ocorreu com um carro fabricado pela Ford, com o modelo denominado *Pinto*, o qual, após uma pequena colisão, pegou fogo fazendo três vítimas fatais. O incêndio foi provocado pela combustão do tanque de gasolina do veículo, em virtude da extrema delicadeza do material utilizado em sua fabricação e do local onde foi colocado o tanque de gasolina, fato conhecido pela Ford. Veio à tona durante o processo, que a colocação do tanque naquele local representava uma economia de $ 15,00 (quinze dólares) por veículo.

A Ford alegou que, em uma remota possibilidade de ser condenada a pagar uma indenização às vítimas, ficaria mais barato proceder ao pagamento dos *compensatory damages* do que reduzir os lucros da sua venda pela introdução de alterações ao design do "Pinto". Os jurados,[94] chocados com tal argumento, tendo ficado claro que a conduta dos agentes havia sido calculada em termos de racionalidade econômica, tendo a Ford escolhido colocar em perigo a segurança dos condutores e passageiros do veículo, revelando indiferença pelo

---

[93] LOURENÇO, 2002, p. 1041-1042.

[94] Conforme se explicará em seguida, com mais detalhes, nos Estados Unidos também processos cíveis podem ser submetidos a julgamento pelo Tribunal do Júri Popular.

valor da vida humana. Entenderam, pois, que essa conduta deveria ser punida e a condenação servir de exemplo, pelo que, em primeiro grau de jurisdição concedeu-se 4,5 milhões de dólares a título de *compensatory damages*, e 125 milhões de dólares por *punitive damages*, valor este que depois foi reduzido, em grau de recurso, a 3,5 milhões.[95]

Parece, pois, cabível e razoável, neste caso, a responsabilização objetiva do produtor pelo resultado da conduta, até para fins de punição e dissuasão, haja vista o dever que tinha de eliminar os defeitos do produto que eram de seu conhecimento, antes de colocá-lo em circulação. E, se assim necessário, de internalizar o valor adequado para garantir a segurança do bem e dos consumidores que o adquirissem, ainda que isso representasse menor lucro para a empresa.

Este tornou-se um dos casos de maior repercussão acerca dos *exemplary damages* nos Estados Unidos, ou seja, a condenação ao pagamento de valor com o fim de evitar que outros fabricantes repetissem igual comportamento, sendo reiteradamente citado não só pela jurisprudência, mas também pela doutrina sobre o tema. Foi a partir de então, que os consumidores passaram a tutela do direito à vida e à integridade física às mãos dos *punitive damages*, já que nem a compensação pecuniária pelos danos sofridos pelas vítimas nem as prescrições legais sobre a segurança dos produtos eram suficientes para pautar o comportamento dos agentes econômicos, de modo a persuadi-los a cumprir a lei, a respeitar os direitos dos cidadãos, no fundo, a atuar de acordo com o interesse da sociedade.

As críticas vêm no sentido de que os *punitive damages* somente são eficazes porque o quantitativo em concreto é imprevisível, não há como o infrator antever; os cálculos econômicos para saber se o lucro que espera ter ultrapassa a indenização que terá de pagar ao lesado e a quantia que será imposta a título de prestação punitiva.

Reitera-se, então, que, na área da responsabilidade civil objetiva, não são todos os casos por ela abarcados passíveis de condenação a prestações punitivas, mas especialmente aqueles em que se identifica um comportamento censurável como o narrado acima por parte do produtor, no que tange à indiferença pelos mais altos valores defendidos pelo Direito, como a vida e a integridade física da pessoa humana; não se pode dizer, por conseguinte, ser adequado irrestritamente às situações de responsabilidade civil objetiva.

A jurisprudência norte-americana impõe o pagamento de prestações punitivas visando, por um lado, tutelar os direitos dos

---

[95] GALLO, 1996, p. 150.

cidadãos comuns e, por outro, incentivar o aumento do nível de segurança dos produtos colocados no mercado, imputando à empresa todos os custos da atividade produtora de um bem defeituoso, como já referido, sendo, neste sentido, necessária a análise do caso em concreto, para se ver aplicar ou não à responsabilidade civil objetiva as funções em apreço.

2.3.2.3. Em quebra de contratos

Assim como há o *Restatement of Torts*, existe nos Estados Unidos da América também o *Restatement of Contracts* § 355 (1981). Este estabelece que os *punitive damages* não são aplicáveis ao campo dos contratos, a menos que a conduta do agente, que significa a quebra do pacto contratual, seja daquelas abarcadas pelo campo da *tort law* (responsabilidade civil por atos ilícitos) em que os *punitive* são aplicáveis.

A jurisprudência norte-americana já aplicou o instituto em comento na responsabilidade civil contratual, especialmente em cinco casos: quebra de promessa de casamento; conduta maliciosa ou opressiva; conduta fraudulenta; contratos de seguro e casos de concorrência desleal.

Em razão da extensão da matéria, não se fará a análise de todos os casos, o que se faz desnecessário em face do objetivo do presente trabalho.

Convém mencionar, contudo, pelo caráter ilustrativo, o descumprimento de contrato por conduta maliciosa. Formalmente, a imposição de *punitive damages* não era feita em virtude de ter existido uma violação contratual, mas, sim, porque esta consubstanciava simultaneamente uma figura autônoma de *Tort* e justificava a imposição de *punitive damages* na responsabilidade obrigacional. A distinção entre *tort* e *contract* passou a ficar difícil pelos casos concretos que se apresentavam, de modo que a jurisprudência norte-americana assumiu uma posição mais flexível, não exigindo prova da existência de um *tort*, mas apenas que tivesse sido adotada uma conduta opressiva ou maliciosa (*opressive or malicious*).

Foi com base na evidência desse comportamento malicioso que o Tribunal do Estado de Idaho impôs o pagamento de *punitive damages* ao vendedor de um automóvel, que afirmara ser este um objeto novo. Mais tarde, o comprador descobriu que isso não era verdade, pois o vendedor havia adulterado a quilometragem do veículo.[96]

Os tribunais deixaram, portanto, de exigir a prova da existência de um *tort* específico, mas mantiveram a necessidade de um elemen-

---

[96] LOURENÇO, 2002, p. 1050.

to subjetivo, um comportamento culposo por parte do inadimplente, comportamente esse revelasse malícia ou opressão.

Outro caso de aplicação em quebra de contratos, escolhido para ser abordado, é o dos contratos de seguro.

Em dois precedentes marcantes foi afirmada a imposição de *punitive damages*: quando a conduta da Companhia de Seguros foi fraudulenta, de forma a induzir o segurado a celebrar o contrato, e quando na vigência deste, aquela atua de má-fé ou revela negligência grosseira.

Ou seja, para a observância da boa-fé são reiteradas as decisões a impor prestações punitivas entendendo que, em qualquer contrato, existe o dever de atuar, obedecendo esse parâmetro de conduta, como refere a jurista portuguesa Paula Lourenço, pelo que, sempre quando esse contrato for violado, justifica-se o recurso aos *punitive damages*.[97] Salienta ela ser tal entendimento acompanhado pelo reforço da tutela da parte mais fraca (a que chamamos, no Brasil, de vulnerável), no caso, o segurado (*the little guy*), cujo poder de negociação é limitado, já que, na maior parte dos contratos de seguros, há uma mera adesão às cláusulas contratuais previamente fixadas pela Companhia de Seguros (*the big guy*).

No tocante à concorrência desleal, vale referir em virtude do *Clayton Act*, de 1914, conjunto de normas acerca da concorrência desleal. O infrator, nestes casos, deverá pagar à empresa concorrente uma indenização no valor do triplo do dano que lhe é causado. Em *Browing-Ferris v. Kelco Disposal*, de junho de 1989, a empresa infratora violou as leis estaduais e federais anti-trust com intenção de retirar a Kelco do mercado, tendo esta pedido ao júri que tomasse em consideração os lucros alcançados pela Browning-Ferris ao longo do ano anterior. O Tribunal considerou provado o fato de a infratora ter tido a referida intenção de retirar a Kelco do mercado, e o júri impôs o pagamento de 51.146,00 dólares em *compensatory damages* e 6 milhões de dólares a título de *punitive damages*.[98]

2.3.3. *Procedimento da* tort law *e a aplicação dos* punitive damages *no Sistema Judiciário Norte-Americano*

O direito sobre atos ilícitos é primordialmente estadual, com diferente disciplina, portanto, em todo o País. Apesar de ser predo-

---

[97] LOURENÇO, 2002, p. 1051.

[98] Ibid.,p. 1052.

minantemente jurisprudencial, a maioria dos estados tem uma variedade de leis isoladas sobre problemas especiais.[99]

Giulio Ponzanelli[100] comenta a experiência norte-americana com os *punitive damages*, aduzindo que a disciplina desta é de cada Estado, acarretando uma substancial diferenciação da jurisprudência que é seguida nas cinquenta jurisdições dos Estados Unidos da América. Refere, ainda, o surgimento do fenômeno do *c.d. forum shopping*,[101] o que revela a extrema heterogeneidade da disciplina, afirmando que as tentativas de introduzir uma uniformidade em nível federal de alguns setores, em especial sobre a responsabilidade do produto, foram todas frustradas.

Nos Estados Unidos, essas indenizações advindas da *law of torts*, normalmente são concedidas pelo Tribunal do Júri, que lá também é convocado para analisar e julgar ações da esfera cível, consoante prevê a Sétima Emenda à Constituição Federal daquele país.[102] Entretanto, os doutrinadores relatam a dificuldade para selecionar os jurados que irão decidir e conceder os *punitive damages*, principalmente porque as instruções dadas pelo Juiz Togado são vagas, além de utilizar termos extremamente indefinidos para o desempenho deste mister. Em virtude disso, muitas vezes, o Júri chega a valores astronômicos, até mesmo incompreensíveis pelos operadores do Direito e, mais ainda, pelas partes do processo.

Quanto ao procedimento perante o Tribunal do Júri, em alguns Estados, o julgamento se divide em duas fases: em uma oportunidade decidem os jurados se o réu é responsável pelo ato de que é acusado e fixam, se assim o entenderem, a compensação dos danos. Em data diferente e posterior, verificam se é caso de condená-lo também aos *punitive damages*. Mas, em outros Estados, ocorre tudo na mesma

---

[99] FARNSWORTH, 1963, p. 156: Refere, o autor, que muitas leis prescrevem uma determinada conduta e a violação de uma dessas leis pode ser usada para demonstrar culpa.

[100] PONZANELLI, 1992, p. 186.

[101] Segundo Giuseppe Briganti "cd. forum shopping è l'attività tendente alla ricerca della giurisdizione più favorevole agli interessi dell'istante; questa, infatti, sarebbe evitata dall'applicazione del medesimo diritto materiale nei vari Stati contraenti". *In*: *Difetto di conformità delle merci nella vendita internazionale: legge applicabile e competenza giurisdizionale*. http://www.dirittosuweb.com/aree/rubriche/record.asp?idrecord=773&cat=5. Acesso em 15 maio 2006.

[102] *Seventh Amendment*: "In Suits at Common Law, where the value in controversy shall exceed twenty dollars, the right to a trial by jury shall be preserved, and no fact tried by a jury shall be otherwise re-examined in any Court of the United States, than according to the rules of Common Law". (Nas Causas da *Common Law*, em que o valor controvertido exceder a vinte dólares, o direito a um julgamento pelo Júri será preservado, e nenhum fato conhecido pelo Júri poderá de alguma forma ser reexaminado por qualquer corte dos Estados Unidos, senão de acordo com as normas da *Common Law* – tradução livre da autora).

sessão e, ainda, há locais em que o Júri decide como prefere fazer, em uma solenidade única, ou bipartida.

Porém, se o processo for decidido pelo Júri, este pode (sempre dependendo do Estado, ante a ampla autonomia que os entes federativos possuem nos Estados Unidos) ocorrer em três fases, após selecionados os Jurados. Em um primeiro momento, eles decidirão se réu (*defendant*) violou uma regra de conduta (dever de cuidado, de atenção, de diligência), cuja observância era devida por um homem normal em circunstâncias análogas. Se afirmarem positivamente, ele é, então, o responsável pelo dano, e o juiz os instrui para que, num segundo momento, indiquem o *quantum* deve ser pago à vítima (autor da ação – *plaintiff*) a título de compensação pela perda. Somente superadas estas fases, é que então o Júri será questionado sobre os *punitive damages*, ou seja, se a conduta do réu, seu nível de culpa (*negligence*) justifica *punitive damages*. Se responderem afirmativamente, será marcada outra data para decidirem o *quantum* a ser fixado a esse título.[103]

Curial destacar que a decisão do Júri pode ser revista por instâncias superiores dentro do próprio Estado e, eventualmente, dentro dos limites impostos pelo procedimento norte-americano para tanto, pela própria Suprema Corte, como ocorreu no caso *BMW v. Gore*,[104] através do qual, o órgão máximo da Justiça nesse país redefiniu alguns critérios para o uso dos *punitive damages*, como mencionado anteriormente.

Por ter sido amplamente difundido e estar em pleno vigor nos países da *Common Law*, principalmente nos Estados Unidos, o tema é foco de debates, bem como alvo de críticas por parte de alguns juristas deste país, e essas críticas devem ser aqui trazidas à baila para uma análise mais completa da matéria.

2.3.4. As disfunções dos punitive damages nos países da Common Law

Os opositores aos *punitive damages* na *Common Law* concentram seus argumentos contrários ao uso dessas funções em dois principais pontos: a *overcompensation* e a *overdeterrence*.[105]

---

[103] SUNSTEIN, Cass R. *et al. Punitive Damages. How Juries Decide*. Chicago: The University of Chicago Press, 2002, p. 10-11.

[104] *BMW of North America, Inc. v. Gore*, 116 S. Ct. 1589 (1996).

[105] A *overcompensation*, ou super compensação, consiste numa soma excessiva de dinheiro para compensar um dano sofrido por alguém. Ou seja, num valor que ultrapassaria demasiadamente o efetivo *quantum* do prejuízo cuja indenização se pretende alcançar. Já a *overdeterrence*, ou hiperdissuasão ou ainda hiper-prevenção, consiste também num valor cobrado do agente

Considerando que, na maior parte dos casos, as prestações punitivas e dissuasórias impostas para punir o agente e prevenir a repetição de condutas graves, acrescem à indenização que é atribuída, via de regra, naquele sistema, ao lesado pelos danos que este sofreu, alguns autores entendem que a vítima acaba por receber injustificadamente uma quantia superior aos danos que sofreu, o que em virtude do seu caráter indeterminado, pode ser equivalente a ganhar na loteria (*tort lottery*), conforme lembra Paula Lourenço.[106]

Esse valor excessivamente alto que assim resulta, em virtude de comumente ser fixado por um Júri Popular, como acima explicado, é o que alguns juristas da *Common Law* denominam de *overcompensation* (supercompensação).

Esses juristas alegam que este possível enriquecimento do lesado pode gerar uma certa negligência no comportamento das vítimas, as quais preferem deixar acontecer a evitar a situação lesiva. Por consequência, o particular é incentivado a recorrer aos tribunais, gerando excessivo número de processos nos quais o lesado tem uma posição privilegiada nas negociações, pois o infrator prefere ceder às propostas deste, visto que as conhece e pode negociar, a submeter-se ao pagamento de *punitive damages* cujo montante é indeterminado e ao qual só é possível se opor em grau de recurso para o Tribunal Superior.[107]

Por isso, esclarece Lourenço,[108] alguns autores entendem ser injusto proceder à atribuição das prestações punitivas/dissuasórias ao lesado (chamada *winfall theory* ou, teoria da sorte inesperada), de vez que este já recebeu a indenização pelos danos sofridos, sendo que uma parte entende deva ser abolido o instituto,e outra parte considera deva ser entregue parcial ou totalmente o valor ao Estado.

Foi em razão de situações cujo valor foi fixado pelos jurados, a título de *punitive damages*, ter sido excessivamente alto, que a Suprema Corte Norte- Americana, no caso *BMW of North América, Inc. v. Gore* entendeu ser necessária a fixação de parâmetros para a delimitação do *quantum* a ser pago a esse título, visando exatamente evitar a *overcompensation*. O caso inaugurou acirrada discussão, que

---

causador do dano a título de prevenção de fatos ilícitos semelhantes, mas que pela sua excessividade, quando aplicado em caso concreto, poderia levar até mesmo à falência da empresa, o que não é o objetivo dos *punitive damages*. *Deterrence*, significa dissuadir, desestimular, prevenir. É vocábulo também conhecido da Língua Portuguesa, onde há a mesma definição.

[106] LOURENÇO, 2002, p. 1083.

[107] Ibid, p. 1083-1084.

[108] LOURENÇO, 2002.

levou a mudanças significativas sobre a matéria, o que pode ser bem observado na publicação oficial daquela Corte.[109]

Nesse caso, Ira Gore havia comprado um veículo da marca BMW, sendo que percebeu, nove meses depois da aquisição, ter sido este vendido com a pintura retocada e não a original da fábrica. Isso porque teria ocorrido um arranhão na lataria do veículo, quando do transporte deste da Alemanha para os Estados Unidos, e a empresa o teria revendido sem avisar sobre o retoque. Gore, então, processou a BMW, alegando que o fato de esta não ter revelado o retoque na pintura foi uma fraude. O Júri Popular concordou e condenou a empresa a pagar $4.000,00 (quatro mil dólares) a título de *compensatory damages* (reparação), sob o argumento de que aquela pintura retocada teria desvalorizado o veículo em aproximadamente dez por cento. O Júri acresceu a título de *punitive damages* $4.000.000,00 (quatro milhões de dólares). Chegaram a este valor multiplicando os $4.000,00 (*actual damages*) por $1.000,00 (mil dólares) que é o valor médio das pinturas da BMW no país. A empresa recorreu, tendo o Tribunal do Alabama reduzido este valor para $2.000.000,00 (dois milhões de dólares).[110] Com novo recurso, mas para a Suprema Corte, esta concordou em rever a decisão, com a finalidade de caracterizar o *standard* que identificaria as concessões constitucionalmente excessivas[111] a título de *punitive damages*, concluindo que, naquele caso concreto, eles estavam convencidos de que houve um valor excessivamente grande imposto à empresa, transcendendo os limites constitucionais.

Assim, foram fixados três parâmetros a serem considerados para limitar o valor da condenação pelas prestações punitivas/dissuasórias em todo o país, sendo seguido, atualmente, pelas Cortes inferiores:

a) O grau de reprovabilidade da conduta do agente.

b) A proporcionalidade entre os *punitive damages* e a *compensatory damages* (reparação).

c) Previsão normativa de pena para os ilícitos similares.[112]

De outra banda, há a alegação de que os *punitive damages* são ineficazes para o tríplice fim a que se propõem: compensar, punir

---

[109] OLSON, Theodore B. et al. *Constitutional challenges to punitive damages after BMW v. Gore.* Washington DC: George C. Landrith, III Editor, 1998, p. 6.

[110] Ibid.

[111] Nos Estados Unidos, a expressiva minoria dos processos que chegam com recurso à Suprema Corte são efetivamente analisados e julgados por seus membros, devendo haver uma especial relevância do caso, como neste da BMW v. Gore, em que se pretende fixar novos paradigmas para determinadas questões jurídicas de relevância nacional.

[112] OLSON, Theodore B. et al.,1998, p. 8.

e dissuadir. Dizem os filiados a esta corrente que, nos Estados Unidos, a abertura de um número cada vez maior de comportamentos, acompanhado do aumento de quantias impostas, não são compatíveis com a função compensatória ou com o escopo punitivo, mas tão só com a prevenção.[113]

Ressalta Paula Lourenço, que esta prevenção, porém, não surte efeito relativamente aos agentes econômicos, pois a sujeição a um montante muitas vezes elevado, tem como efeitos perversos o cerceamento da atividade econômica, fenômeno conhecido como *overdeterrence* (super desestímulo), e a repercussão do montante a pagar a título de *punitive damages* no preço dos bens fabricados ou comercializados, quem suporta são os consumidores.[114]

Aduzem, da mesma forma, que no concernente a pessoas coletivas ela pode tornar-se medida injusta, dado que as condutas podem ter sido ordenadas por pessoas que à época da condenação ao pagamento dessas prestações, nem se encontram mais na gerência ou administração da empresa. Conclui-se, então, que para estes opositores, a imposição de prestações punitivas/dissuasórias de pessoas coletivas é ineficaz, já que não pune os responsáveis nem previne a adoção de medidas semelhantes no futuro por parte desse agente, mas, ao contrário, pune os acionistas comerciais e os consumidores.[115]

Os argumentos opositores, bem alicerçados, são obstáculos a serem contornados quando da importação do instituto ao sistema pátrio, a fim de que as prestações punitivas e dissuasórias atinjam efetivamente seus desideratos que, por sinal, são legítimos, e não caiam nos mesmos equívocos dos *punitive damages* na *Common Law* que, por vezes, levam ao desprestígio determinado instrumento que pode ser relevante, desde que não se perca de vista o fim para o qual foi criado. O enfrentamento a tais críticas será realizado mais adiante, juntamente com aquelas oriundas do próprio Brasil.

Assim, se as prestações punitivas/dissuasórias foram amplamente difundidas e disciplinadas na *Common Law*, o mesmo não ocorreu nos países da família jurídica romano-germânica. Todavia, importante trazer à colação o modo como os sistemas jurídicos de alguns países se referem a essas funções da responsabilidade civil.

---

[113] LOURENÇO, 2002, p. 1086.

[114] Ibid.

[115] Ibid., p. 1087.

2.4. O sistema romano-germânico

2.4.1. Os punitive damages – Le Pene Private
– e a Responsabilidade Civil na Itália

A "pena privada" na Itália não é considerada uma novidade jurídica, pois conhecida desde o período clássico do Direito Romano. Todavia, passou por um longo período sem atrair a atenção dos especialistas, os quais destacam que vários são os motivos para o atual interesse sobre a matéria. Entre esses, mencionam que o instituto se encontra no quadro geral das alternativas na esfera cível, na qual a "pena privada" poderia ser um espaço renovado consistente, segundo a definição que lhe dava A.Thon, "nas privações de um direito privado ou na determinação de obrigação privatística com o fim de punição do transgressor da norma".[116]

Para Busnelli e Scalfi,[117] repropor o estudo das penas privadas significa relembrar a época cultural "desagradável" da Lei de Talião, das represálias, etc.; colocar em foco os elementos comuns, principalmente as finalidades punitiva e preventiva da indenização por atos contrários à lei, mas também as diferenças entre os tipos de penas.

Os mesmos autores referem que a atualidade da matéria surge substancialmente da exigência de se procurarem outros remédios de tutela privada afora daquela tradicional do ressarcimento de dano, principalmente no âmbito dos direitos da personalidade, o qual constitui com frequência uma resposta insuficiente perante os variados eventos lesivos de interesses juridicamente relevantes.

Aduzem ainda que, ao prolongado desinteresse da doutrina italiana pelo tema, no exterior, corresponde a uma explosão de pesquisas doutrinárias e experiências jurisprudenciais como, no caso da França, a criação jurisprudencial das *astreintes* e a experiência da *Common Law* com a antiga e atualíssima categoria dos *punitive damages*.[118]

2.4.1.1. Definição e Funções da Pena Privada no sistema italiano.
Breve comparativo com os punitive damages *da* Common Law

Na tentativa de definir o que seja e de sistematizar o estudo da pena privada, são levadas em consideração diversas hipóteses como

---

[116] BUSNELLI, Francesco D.; SCALFI, Gianguido. *Le pene private*. Milano: Giuffrè, 1985, p. 5.

[117] Ibid., p. 5.

[118] Ibid., p. 5-6.

conteúdo. Porém, os juristas italianos relatam ser um aspecto sempre marcante o fato de esse instituto representar uma tutela civil diversa da ressarcitória, caracterizando-se aquela pela finalidade punitiva e preventiva ou, como dizem os clássicos ingleses, punição para os autores de atos ilícitos e dissuasão destes e das demais pessoas da sociedade para não praticarem conduta semelhante no futuro.

Esses juristas destacam, outrossim, a existência no ordenamento jurídico italiano de previsões que bem apóiam a ideia de pena privada, tal como o tradicional instituto da cláusula penal. Deve ser ressaltado que a Itália, por fazer parte da família romano-germânica no Direito Comparado, tem um sistema jurídico bem mais próximo ao do Brasil, especialmente quanto à matéria civil, pelo qual se torna desnecessário maior desenvolvimento sobre o ordenamento jurídico italiano e o tratamento dispensado à responsabilidade civil no contexto do presente estudo,

Na obra dos citados doutrinadores Busnelli e Scalfi, fazendo eles uma análise comparativa do tema nos diferentes sistemas – *Common Law* e Romano-Germânico – concluem que, nem sempre quando aplicados os *punitive damages* nos Estados Unidos, estes podem ser considerados penas privadas na Itália.

Por exemplo, o mencionado caso da *Ford Motor Co. v. Grimshaw*, ocorrido nos Estados Unidos da América, precedente acerca dos *punitive damages* em sede de responsabilidade civil objetiva, referido anteriormente neste trabalho, foi utilizado maciçamente pela doutrina italiana como objeto de debate sobre o tema.[119]

No entanto, os juristas italianos em comento, assim como o doutrinador Paolo Gallo, afirmam que esse caso não configura um bom exemplo *delle pene private*, já que para eles a concessão dos *punitive damages* nesse processo correspondeu à ideia de fazer pesar para tal empresa todos os custos inerentes à sua atividade.[120]

Segundo eles, a jurisprudência norte-americana fala dos *punitive damages* como uma hipótese de responsabilidade civil sem culpa, portanto, objetiva. Diferentemente do início de sua aplicação, em que era necessária a intenção, a malícia do autor no sentido de provocar o dano à(s) vítima(s) para haver a concessão de determinado valor em dinheiro, além da compensação dos danos, com o fim de punir e dissuadir.

Conforme ressaltado sobre o precedente da *Ford Motor Co*, este parece um adequado paradigma da aplicação dos *punitive damages*.

---

[119] GALLO, 1996, p. 150.

[120] BUSNELLI; SCALFI, 1985, p. 419.

Isso porque ele se refere à possibilidade, ainda que discutível até mesmo no país onde houve a decisão, de compatibilizar o instituto aos casos de responsabilidade civil objetiva. Nos Estados Unidos, frise-se, tais funções e suas decorrências são mais facilmente aceitas quando for constatado, por exemplo, "o comportamento por parte de um produtor capaz de evidenciar a indiferença pelos mais altos valores defendidos pelo Direito, como a vida e a integridade física da pessoa humana". Ou seja, fala-se de uma despreocupação com o resultado lesivo que determinada conduta, produto, serviço, pode causar à sociedade.

Mais especificamente, portanto, em quatro situações a doutrina italiana aceita como possível a aplicação da pena privada:[121]

1)Quando não há um dano, ou pelo menos um dano de natureza econômica imediatamente perceptível e/ou quantificável. Por exemplo, usar bens alheios ou entrar em casa alheia sem permissão do proprietário. 2)Quando mediante a prática de um ato ilícito o autor percebe vultosa vantagem, como por exemplo, obtém grandioso lucro com o uso abusivo e ofensivo à honra de outra pessoa. 3) Nos casos de danos ao meio ambiente ou provocados por atividades de grandes empresas, responsabilidade dos produtores, etc. Quando os danos são muito difusos e, por isso, poucas pessoas buscarão a reparação destes em juízo, já que a mera imposição da obrigação de ressarcir eventuais danos individuais pode não ser suficiente para atender um efeito preventivo da condenação, entendem cabível também a indenização buscando tal efeito. 4) A quarta possibilidade é para os autores de delitos de "menor potencial ofensivo" como furtos em grandes magazines, ofensas à honra, à liberdade sexual, entre outras. Essa possibilidade se coaduna com a política de aplicação do Direito Penal aos delitos de maior relevância, ficando para a esfera civil e administrativa a punição desses considerados "delitos menores", restando a pena privada como solução intermediária à responsabilidade penal e à mera obrigação de reparar o dano.

Conforme esclarece Paolo Gallo,[122] o problema reside na quantificação da indenização com caráter de pena privada. Nos Estados Unidos, refere ele, está previsto em cada Estado um limite, ou limites para fixação do *quantum*. Entretanto, na Itália, o valor dependerá muito da origem, da causa (uma das quatro possibilidades acima) dessa indenização, levando-se em conta a gravidade da lesão do ponto de vista subjetivo, o grau de culpa do autor do ilícito, visando a punir o agente e a satisfazer a vítima, evitando com a cobrança desse valor, também, que venha a ser praticado ato semelhante pelo mesmo lesante ou por outras pessoas.

Já bem diferente é a situação das grandes empresas que desenvolvem atividades de risco e atividades que causam danos difusos

---

[121] GALLO, 1996, p. 175.

[122] Ibid., p. 192.

em geral, pois, nestes casos, a intenção precípua é a de prevenção, de dissuasão, ou seja, procura-se ensejar a internalização (dos custos sociais) do valor a ser gasto para impedir a ocorrência de danos decorrentes das atividades de pessoas jurídicas, a fim de evitar novos prejuízos sociais. *In casu*, os valores pagos pelas empresas vão para o Estado ou para outros fundos públicos, diversamente da hipótese em que o dano atinge a esfera privada somente e que o valor reverte em benefício do ofendido.

Relevante a passagem em que Paolo Gallo refere como condição imprescindível para aplicação *delle pene private* a constatação de que o mero ressarcimento do dano não deve ser suficiente, bem como tratar de ilícito no qual o recurso à tutela penal possa parecer excessivo,[123] sendo que logo em seguida, ele classifica: "Le pene private in senso stretto possono poi a loro volta suddividersi in pene private negoziali, legislative e giudiziali".[124] No que concerne à judicial é clarividente a lição do autor quanto à possibilidade de o magistrado reconhecê-la, prescindindo de legislação que a estabeleça de forma expressa:

> le pene private giudizialli cioè comminate daí giudici a prescindere vuoi da um precedente atto di autonomia privata, vuoi al di fuori di una specifica disposizione legislativa che legittimi per l'appunto la comminazione legislativa[125]

Cumpre dizer ainda, que o Código Civil Italiano prevê nos artigos 2.059 e 2.043 os limites para tais indenizações, sendo que este se aplica aos casos de danos culposos, precisamente para danos emergentes e lucros cessantes. Aquele, em conjunto com o artigo 185, é utilizado para os casos de danos extrapatrimoniais.

Por fim, os doutrinadores italianos de um modo geral concluem que o retorno do estudo da pena privada na Itália, além dos aspectos antes mencionados, também se deve à expansão permanente da responsabilidade civil, matéria esta que não pode ser estudada por um esquema unitário, até mesmo pelos variados prismas em que deve ser analisada. Neste contexto, admitem que cresce a relevância da função sancionatória da responsabilidade civil, apesar de ainda haver debates e pouca aplicação do instituto.

Não é outro, porém, o nível de profundidade com o qual o tema é tratado em outros países da Europa, pertencentes à Família Continental, como França, Alemanha e Portugal, acerca dos quais serão feitas sucintas menções a seguir.

---

[123] GALLO, 1996, p. 27.

[124] Ibid., p. 33.

[125] GALLO, 1996, p. 35.

2.4.2. As prestações punitivas/dissuasórias na França

Assim como no Brasil, na França, as violações dos direitos de personalidade e de certas liberdades fundamentais originam danos extrapatrimoniais, que não são suscetíveis de indenização, mas de compensação do lesado por meio de um montante pecuniário. Não há o reconhecimento, por conseguinte, do uso dos *punitive damages* no país, sendo, todavia, as funções dissuasória e punitiva aplicadas via majoração desse *quantum* para compensar o dano moral.

A jurisprudência francesa, segundo estudos de Suzanne Carval, abordados por Paula Lourenço, vem aumentando o montante atribuído a título de compensação por danos morais, sustentando que a finalidade é punir o agente e prevenir a adoção de semelhantes condutas, como em casos de intromissão na vida privada, declarações difamatórias, ou quando a violação aos direitos da personalidade do lesado é motivada pelo escopo lucrativo, como tem acontecido principalmente na Imprensa, quando são forjadas notícias de figuras públicas, a fim de o maior número possível de exemplares.[126]

Da mesma forma, no campo da concorrência desleal, o acórdão de Douai, de 21 de dezembro de 1989, enunciou que as ações judiciais nessa matéria tinham por finalidade, não tanto reparar um prejuízo causado a outrem, mas sancionar a deslealdade dos atos cometidos.

Como mencionado, a falta de consagração legal das prestações punitivas é superada, naquele país, pela elevação do montante de indenização, levando-se em consideração três fatores: os benefícios que o autor obtém com a prática da concorrência desleal; as economias que o mesmo faz à custa do lesado, e a apropriação de uma tecnologia, quando o titular de uma patente não explora a sua invenção ou concede o direito de exploração a terceiros.

Exemplifica-se a existência de labor legislativo acerca do tema, com a Lei nº 85-677, de 05 de julho de 1985, a qual, no seu artigo 16, prescreve que se dentro do prazo de oito meses a contar da data do acidente, a companhia de seguros não apresentar ao lesado uma proposta de acordo, o montante de indenização que vier a ser recebido pela vítima, quer voluntariamente entregue pela companhia de seguros, quer fixado pelo tribunal, vence juros ao dobro da taxa legal. E o artigo 20 deste diploma estabelece a mesma sanção às companhias de seguros que, após a aceitação da sua proposta de acordo, fiquem um mês sem efetuar o pagamento.

---

[126] LOURENÇO, 2002, p. 1057.

A esta quantia que excede os prejuízos sofridos pela vítima e tem por objetivo punir o agente por sua conduta dolosa, a doutrina francesa vem entendendo caracterizar prestação punitiva,[127] sendo o caso que merece relevo neste país pela aproximação com o tema em estudo.

2.4.3. As prestações punitivas/dissuasórias na Alemanha

Foi no final do século XIX que a jurisprudência alemã passou a admitir a ingerência culposa em direitos sobre bens imateriais, quais sejam, os direitos do autor, os direitos da propriedade industrial e os direitos da personalidade de outrem, como ensejadores da responsabilidade civil.

O dano era calculado de três formas, podendo o lesado escolher entre elas: a) indenização por lucros cessantes, considerados assim aqueles que poderiam ser esperados, em virtude do decurso normal dos fatos ou das providências adotadas; b) o pagamento de quantia correspondente à utilização dos direitos, como se tivesse sido celebrado um contrato de licença (*Lizenzanalogie*); c) a restituição do lucro obtido pelo autor do fato ilícito, partindo-se da presunção de que o ganho obtido pelo interventor correspondesse a um prejuízo na esfera jurídica do lesado, exonerando-se este de provar que iria tomar as mesmas iniciativas encetadas pelo agente ou que iria conseguir obter o mesmo lucro que este obteve.[128]

Todavia recentemente, os Tribunais, desde o caso *Hunstohhohl-profil II*, relativo à usurpação de um modelo industrial, tem vindo a abandonar as formas atípicas de cálculo de dano, preferindo somente a segunda forma (*Lizenzanalogie*).

No campo dos direitos da personalidade surgiu com grande vigor uma nova tendência jurisprudencial, que leva alguns comparatistas a entenderem a viabilidade de reconhecimento de *punitive damages*, naquele sistema.

Os casos mais frequentes referem-se aos danos à imagem de figuras públicas, como aquele em que o BGH condenou um jornal que publicara fotografias do filho mais velho da Princesa, sem autorização e após uma injunção judicial proibindo tal publicação, explicando que, de outro modo, o procedimento ficaria sem sanção.[129]

---

[127] LOURENÇO, 2002, p. 1059.

[128] LEITÃO, Luís de Menezes. *O enriquecimento sem causa no direito civil.* apud LOURENÇO, 2002, p. 1053.

[129] LOURENÇO, 2002, p. 1056.

Vale mencionar, ainda, texto de autoria do catedrático alemão de Direito Privado Bern-Rudinger Kern,[130] que destaca a existência, no seu país, de finalidade outra para a indenização prevista no artigo 847 do BGB (a qual assegura a indenização para certos danos extrapatrimoniais), que não configura a pretensão comum da indenização por perdas e danos, mas uma pretensão peculiar com duas funções: compensação ao lesado e obrigação do autor do dano de dar ao ofendido satisfação pelo que lhe fez. Seria este um elemento punitivo? Responde ele, seguindo o entendimento praticado desde 1975 pelo BGH (*Bundesgerichtshof*), segundo o qual o prejuízo causado a um ser humano deve ter uma reparação, no mínimo simbólica, reparação que exige expiação a título de exemplo. Refere o civilista que "o pagamento deve atingir os ofensores com um sacrifício palpável, atuando a satisfação primeiramente contra o ofensor e, secundariamente, também sobre o público".

Prevenção e sanção, eis aí finalidades que até determinado momento não se relacionavam à responsabilidade civil daquele país e que passaram a ser questionadas e suscitadas a partir de casos concretos, ocorridos no final do século passado. Não se constata, como nos demais países de sistema romano-germânico, qualquer menção expressa à prestação punitiva. Mas, ainda que subliminarmente, alguns países, como no caso da Justiça alemã, vêm dando tal viés à indenização, ou seja, utilizando-se de valores a serem pagos para vítimas ou entidades públicas, visando a punir e prevenir fatos semelhantes.

2.4.4. Os "danos punitivos" em Portugal

Como nos outros países sobre os quais se apontou alguma aproximação com o instituto das *punitive damages*, também em Portugal não há previsão expressa no ordenamento jurídico, ainda que a doutrina mencione referências legislativas que, na compreensão de alguns autores, aproximam-se ao instituto.

Neste sentido, valorosa é a contribuição do civilista português Fernando Pessoa Jorge, que refere ser problema importante saber qual a função a atribuir à responsabilidade civil: se uma função punitiva (ou punitivo-preventiva), se uma função reparadora.[131] Segundo ele, a opinião no sentido de ter unicamente um fim de punição-prevenção como ocorre com a responsabilidade penal, não resiste aos argumentos contrários.

---

[130] MARTINS-COSTA, 2001, p. 45.

[131] JORGE, Fernando Pessoa. *Ensaio sobre os pressupostos da responsabilidade civil.* Coimbra: Almedina, 1999, p. 47.

Diz o autor existirem várias disposições normativas estabelecendo o prejuízo como pressuposto ou requisito da responsabilidade civil (arts. 483, 798, 562 e segs. do Código Civil português). Se tivesse caráter de sanção, deveria esta nascer imediatamente com a prática do ilícito, havendo ou não prejuízo, o que seria inimaginável, já que, por definição, a responsabilidade civil consiste na obrigação de indenizar prejuízos, não podendo ser imaginada sem estes.

Por outro lado, refere que, se a responsabilidade civil desempenhasse exclusivamente função punitivo-preventiva, seria de admitir sua aplicação em caso de tentativa de lesão ou de lesão frustrada analogicamente ao Direito Penal, bem como deveria ser oficiosa a respectiva ação. Após dizer que a opinião geral atribui à responsabilidade civil função meramente reparadora, sustenta que, para ele, "tem de se formular em termos diferentes em relação à responsabilidade civil conexa com a criminal e à responsabilidade meramente civil".[132] Destaca ainda que, para aquela, o artigo 34, §2º, do Código de Processo Penal traz a previsão de que o juiz deve determinar o quanto da indenização, segundo o seu prudente arbítrio, atendendo à gravidade da infração, ao dano material e moral por ela causado, à situação econômica e social do ofendido e do infrator, ou seja, baseado em elementos que nada têm a ver com prejuízo.

Assim, apesar de delimitar que a responsabilidade meramente civil tem sempre como pressuposto um prejuízo, sendo certo que, mesmo nos casos de elevada gravidade do ilícito, a indenização não possa superar os prejuízos sofridos, conclui o autor que a responsabilidade civil exerce primariamente a função reparadora. Mas, ainda que em plano secundário ou indireto, uma função punitiva e preventiva. Aliás, assevera Pessoa Jorge, "verifica-se a tendência para tomar em conta, na graduação da responsabilidade meramente civil, a maior ou menor culpabilidade do agente".[133]

Paula Lourenço, diferentemente, reconhece a existência das funções em comento e justifica sua posição referindo a previsão nº 2 do artigo 1.320 do Código Civil Português ao definir "os animais que foram atraídos por fraude ou artifício do dono da guarida onde se hajam acolhido, é este obrigado a entregá-los ao dono, ou a pagar-lhe em triplo o valor deles, se não for possível restituí-los", ou seja, o valor a restituir não é dos animais, mas o triplo, numa quantia que excede três vezes o dano sofrido pelo lesado. Está a se falar, neste caso, segundo ela, em *punitive damages*.[134]

---

[132] JORGE, 1999, p. 50.

[133] Ibid., p. 52.

[134] Ibid., p. 1066.

Mas é na seara dos direitos relativos ao meio ambiente, ramo cuja disciplina em muito se aproxima do sistema jurídico brasileiro, que os portugueses podem vislumbrar a função preventiva de forma mais clara. Isto porque no artigo 66 da Carta Magna daquele país está consagrado o meio ambiente como direito fundamental, regulamentado pela Lei de Bases do Ambiente na qual se enuncia o princípio do poluidor-pagador, sendo este "obrigado a corrigir ou recuperar o ambiente, suportando os encargos daí resultantes, não lhe sendo permitido continuar a ação poluente".

A análise econômica permite afirmar, defende a citada doutrinadora, que a internalização dos custos sociais propiciada pela responsabilidade civil nesta seara, tem um efeito preventivo, pois o potencial poluidor evitará qualquer atividade cujos benefícios sejam inferiores ao dano social. Mas o mesmo já não acontecerá se a vantagem retirada dessa atividade for superior ao dano causado.

É certo que tal raciocínio vem ao encontro da visão preventiva do Direito ambiental, no que se relaciona com uma das vertentes das *punitive damages*. Menezes de Cordeiro, por sua vez, tece considerações elucidativas, pois, mesmo que aborde a título de indenização, refere ele que "a indenização para além dos fins clássicos, assume, ainda, um papel de uma pena, com um desempenho importante, no já referido domínio da prevenção. A sua transposição ambiental é muito importante, tendo vindo a ser enfatizada".[135]

Contudo o artigo 41 da Lei de Bases Ambientais determina: "a obrigação de indenizar depende da existência de uma ação especialmente perigosa", estando presente, então, a figura da responsabilidade objetiva, já que o fator de incidência passa a ser o risco e não mais a culpa, para fundamentar a responsabilidade civil.

É em relação a este comportamento "perigoso" do agente como um dos pressupostos da obrigação de indenizar, que os juristas lusos defendem a ideia de ter esta indenização um escopo preventivo-sancionatório, uma finalidade punitiva, embora não a sustentem como função autônoma da responsabilidade civil.

Antunes Varela igualmente visualiza as novéis funções da responsabilidade civil, na mesma esteira de Fernando Pessoa Jorge, indo, contudo, um pouco além no que diz com o limite da reparação do dano ao prejuízo ocorrido. Reconhece Varela a possibilidade de, embora excepcionalmente, ser fixada uma quantia em dinheiro a título de indenização, que vai além do valor do dano, utilizando-se como norte o grau de culpa do agente.

---

[135] CORDEIRO, Menezes. *Direito do ambiente, princípio da prevenção*: direito à vida e à saúde. apud LOURENÇO, 2002, p. 1072.

Assim, ensina o mestre português:

(...) embora a responsabilidade civil exerça uma função essencialmente reparadora ou indenizatória, não deixa de desempenhar, acessória ou subordinadamente, uma função de caráter preventivo, sancionatório ou repressivo, como demonstrado em vários aspectos do seu regime.[136]

O jurista fundamenta seu entendimento destacando dois aspectos: primeiro, lembrando que a obrigação de reparar o dano recai sobre o autor do fato, independentemente de qualquer enriquecimento que ele tenha obtido. E, acrescenta afirmando que, se a ideia da pura reparação do dano se dá para justificar a obrigação de restituir, no caso de enriquecimento à custa de outrem, já não parece que baste para fundamentar o dever de reparação do dano, quando este não enriqueça o lesante. Isto ocorre exatamente porque a reparação constitui, em princípio, uma sanção. Daí, o dever de indenizar pressupõe, em regra, a culpa do agente.

Em segundo lugar, sustenta dito autor que somente o caráter sancionatório, punitivo ou repressivo da responsabilidade civil permite explicar que a indenização possa variar consoante o grau de culpabilidade do agente (artigo 494), que a repartição da indenização entre as várias pessoas responsáveis se faça na medida das respectivas culpas (artigo 497, 2) e que a graduação da reparação quando haja culpa do lesado, faça-se com base na gravidade das culpas de ambas as partes.

Por fim, esclarece Varela seu posicionamento:

(...) a função preventiva ou repressiva da responsabilidade civil, subjacente aos requisitos da ilicitude e da culpa, se subordina à sua função reparadora, reintegradora ou compensatória, na medida em que só excepcionalmente, o montante da indenização excede o valor do dano.

Por conseguinte, constata-se a menção das outras funções da responsabilidade civil, ainda que de forma indireta, bem como limitada a secundar a função reparadora, até mesmo no *quantum* a ser fixado para esse fim. Não há, pois, como nos Estados Unidos, a vinculação das funções de punir e dissuadir a um valor de condenação específico para tanto e, consequentemente, o reconhecimento das funções punitivas/preventivas, como autônomas no âmbito da responsabilidade civil.

Por outro lado, é reveladora a constatação dos doutrinadores, no sentido de que alguns institutos e previsões normativas do sis-

---

[136] VARELA, João de Matos Antunes. *Das obrigações em geral*. 10. ed. Coimbra: Almedina, 2000, p. 542.

tema luso não condigam com a pura finalidade reparatória. Pelo contrário, somente se explicam enquanto função punitiva e/ou preventiva da responsabilidade civil. Este modo de refletir sobre outras hipóteses inerentes à conformação jurídica da responsabilidade civil, talvez esteja apontando para uma nova visão do âmbito de atuação da matéria, não mais vinculada aos limites estritos de reparar ou compensar prejuízos.

3. O tratamento às prestações punitivas/dissuasórias no Brasil

No Brasil é parca a doutrina sobre as funções punitiva e/ou dissuasória da responsabilidade civil, visando a alcançar uma finalidade pedagógica e de mudança comportamental. Os artigos escritos sobre o tema não o aprofundam, restando, mesmo para o Direito Comparado, uma maior diversidade de escritos sobre este. Igualmente, quanto aos tribunais, em que pese existirem decisões jurisprudenciais utilizando tais hipóteses, elas não são muito difundidas, estando, pois, o conteúdo de forma assistemática no ordenamento.

Além disso, é perceptível que tais funções, quando referidas pelos julgados, estão atreladas ao âmbito dos danos morais, o que distancia, de certa forma, a disciplina do assunto no Brasil, em relação aos demais países da *Common Law*. Isso porque as prestações punitivas/dissuasórias como se percebe da análise até o momento realizada, passariam a ser o valor excedente àquele que pertine aos danos patrimoniais e extrapatrimoniais, não se assemelhando ou subsumindo em quaisquer destes.

3.1. Análise do tratamento das funções punitiva e dissuasória da responsabilidade civil na doutrina brasileira

Objetivos até então buscados somente na seara criminal, punir e prevenir, vêm sendo admitidos pretorianamente como fundamento para enfatizar a condenação dos agentes, já que a compensação do dano e sua reparação, muitas vezes ficam aquém do prejuízo sofrido pelas vítimas e seus familiares, além de não evitarem a reiteração do ilícito.

Fernando Noronha[137] assevera que, quando se fala em função sancionatória, faz-se evidente uma aproximação com a finalidade retributiva do Direito Penal. Destaca ter a maior ou menor censurabilidade da conduta do autor do dano reflexos na obrigação de ressarcimento, aproximando a indenização, muitas vezes, da pena privada. Por outro lado, na compensação dos danos extrapatrimoniais considera patente a finalidade de punição do lesante. Por vezes, no entanto, a ideia penal de punição é associada à finalidade de reparação, para dobrar a vontade do devedor e coagi-lo a reparar o dano, como nas multas cominatórias ou penas pecuniárias (Código de Processo Civil).

Neste passo, imprescindível mencionar a esclarecedora lição de Facchini quanto à diferença entre ambas as funções que ora se analisam:

> (...) a função dissuasória se diferencia da punitiva por levar em consideração não uma conduta passada, mas ao contrário, por buscar dissuadir condutas futuras. Ressalta que as funções reparatória e punitiva possuem uma função dissuasória individual e geral. Mas no caso da Responsabilidade Civil com função dissuasória, porém, o objetivo de prevenção geral de dissuasão ou de orientação sobre condutas a adotar passa a ser o fim principal. O meio para alcançá-la, contudo, passa a ser a condenação do responsável à reparação/compensação dos danos individuais.[138]

Segue esclarecendo que[139] "se busca punir alguém por alguma conduta praticada, que ofenda gravemente o sentimento ético-jurídico prevalecente em determinada comunidade", e ilustra afirmando:

> (...) para os familiares de uma vítima de homicídio, por exemplo, a obtenção de uma compensação econômica paga pelo autor do crime representa uma forma estilizada e civilizada de vingança, pois no imaginário popular se está também a punir o ofensor pelo mal causado quando ele vem a ser condenado a pagar uma indenização.

Noronha,[140] por sua vez, novamente fazendo um "paralelismo" com as funções da pena criminal, consoante explanação já realizada, aduz que a responsabilidade civil visa também a dissuadir outras pessoas e o próprio lesante da prática dos atos prejudiciais a outrem. Explica ele que, dessa forma, se contribui para coibir a prática de outros atos danosos pela mesma pessoa, bem como por quaisquer outras. Destaca a importância desta finalidade, principalmente para as

---

[137] NORONHA, 1999, p. 31.

[138] FACCHINI NETO, Eugênio. Da responsabilidade civil no novo Código. In: SARLET, Ingo Wolgang (Org.). *O novo Código Civil e a Constituição*. Porto Alegre: Livraria do Advogado, 2003, p. 164.

[139] Ibid., p. 163.

[140] NORONHA, 1999, p. 41.

situações em que o dano pode ser evitado, lembrando que, na multa cominatória, essa finalidade tem especial relevo: coagir o devedor a reparar prontamente o dano é evitar que esse se vá agravando, sendo esta uma das razões que vem aumentando o crescimento do uso de tal "sanção".[141]

Maria Celina Bodin de Moraes expende algumas páginas da sua obra "Danos à Pessoa Humana – uma leitura Civil-Constitucional dos Danos Morais", para falar sobre o "caráter punitivo" dos danos morais.

Emblemática de seu pensamento é a passagem na qual considera que "a perspectiva solidarista se mostra muito mais condizente não só com os contornos da responsabilidade civil objetiva, mas também com os renovados fundamentos da responsabilidade civil subjetiva".[142] A reparação do dano moral, segue ela,

(...) corresponde neste novo ambiente, à contrapartida do princípio da dignidade da pessoa humana: é o reverso da medalha. Quando a dignidade é ofendida, há que se reparar o dano injusto sofrido. O problema já não é de fundamento e sim de conseqüência: como indenizar a dignidade atingida? Há que se punir o ofensor, além de compensar a vítima, dado o valor do bem jurídico lesionado? Que critérios utilizar para tornar aceitável pela razão – razoável – esta operação?[143]

A autora deixa bem claro, portanto, seu ponto de vista, especialmente a vinculação da função punitiva à compensação do chamado "dano moral", da mesma forma como se vislumbrou do tratamento dado à matéria em outros países, posicionando-se de forma contrária à admissibilidade do caráter punitivo da responsabilidade civil nesse diapasão.

Aduz, ainda, que "nosso sistema não deve adotá-lo, entre outras razões, para evitar a chamada loteria forense; impedir ou diminuir a insegurança e imprevisibilidade das decisões judiciais; inibir a tendência hoje alastradiça da mercantilização das relações existenciais".[144]

Sem embargo, mais recentemente observa-se que autores da lavra de Judith Martins-Costa se dedicaram a pensar sobre o tema com um olhar mais aprofundado quanto à essência e ao fim último das prestações punitivas (por eles denominados "indenização punitiva") no Direito Comparado, trazendo colaboração de grande valia à doutrina jurídica brasileira, no artigo "Usos e Abusos da função

---

[141] NORONHA, 1999, p. 41.

[142] MORAES, 2003, p. 326

[143] Ibid., p. 326.

[144] Ibid., p. 328.

Punitiva (*Punitive Damages* e o Direito Brasileiro)".[145] Isso contribuiu muito para a reflexão iniciada pela autora deste trabalho.

Isso porque o texto parte da análise comparatista do tema, especialmente entre a tradição jurídica brasileira e a anglo-saxônica, tomando por premissa algo que, até então, a doutrina interna deixava à margem: "não se afastar da atenção ao lugar como requisito de método", significando com isto a atenção ao sistema civil-constitucional da responsabilidade por danos, bem como a consideração, embora implícita, aos dados antropológicos, aos traços que delineiam as diferentes faces culturais os "estilos" ou o *ethos* de cada país. Ainda que vivamos, hoje mais que nunca, em sociedades complexas, marcadas pela convivência de várias temporalidades e pela superposição dinâmica de trânsitos culturais,[146] compreende-se esta como a única forma, consoante proposto neste feito, de se chegar a uma conclusão mais fidedigna e concreta possível quanto a um instituto existente em país estrangeiro e à sua adequação, *mutatis mutandis*, à ordem interna.

Isto bem reflete parte do pensamento das autoras Martins-Costa e Pargendler a passagem na qual revelam:

> Nesse aspecto, verifica-se, com efeito, um certo paralelo com o surgimento – mas apenas com o surgimento – da doutrina dos *punitive damages* na tradição anglo-saxônica. Como vimos, diante da impossibilidade originária em ressarcir o dano que não deixasse lastros patrimoniais, lançou-se mão da teoria punitiva a fim de não deixar o lesado, nesses casos, sem qualquer amparo por parte do ordenamento jurídico. No entanto, na tradição anglo-saxã, uma vez consagrada a reparabilidade do dano moral, a função da indenização passou a ser entendida como meramente compensatória, perdendo, assim, sua primitiva vinculação com o instituto dos *punitive damages*. Estes, por sua vez, passaram a ser concedidos somente nos casos excepcionais em que o estado subjetivo do causador do dano, aliado à alta censurabilidade de sua conduta, justificasse a fixação do *quantum* indenizatório em patamar superior ao necessário para a mera compensação, tendo em vista as finalidades punitiva e preventiva da responsabilidade civil. Similar trajeto se não reflete, como vimos, na doutrina e na jurisprudência brasileiras, que continuam a conotar aspectos punitivos como "imanentes" ou próprios aos danos morais, reforçando-se a tese punitiva que não foi suplantada sequer pela indenizabilidade irrestrita do dano moral pela Constituição de 1988. Ainda hoje coexistem três correntes, em sede tanto doutrinária como jurisprudencial, sobre a função da indenização do dano moral, quais sejam (1) a compensação/satisfação do ofendido, (2) a punição do ofensor e (3) tanto a satisfação do ofendido como a punição do ofensor.[147]

---

[145] MARTINS-COSTA; PARGENDLER, 2006.

[146] Ibid., p. 16.

[147] Referem, em nota de rodapé: "São partidários da teoria mista, que pode ser considerada majoritária na doutrina e na jurisprudência brasileira, CASILLO, João. *Dano à pessoa e sua indenização*. 2. ed. São Paulo: Revista dos Tribunais, 1994.; PEREIRA, Caio Mário da Silva.

Tais colocações denotam o foco dado à matéria, bem como, revelam um grau de profundidade que merece destaque, fazendo-se imperiosa a menção do texto, notadamente pela abordagem específica e consistente do tema.

Por outro lado, sem alongar o debate, e, de forma um pouco diversa da aplicada no Direito Comparado, já se pode perceber, em alguns julgados dos tribunais brasileiros, mesmo dos Superiores, a intenção de o Poder Judiciário inserir em suas decisões as funções punitiva e preventiva, ainda que se relacionando ao denominado "dano moral", passando-se a fazer a abordagem de alguns desses precedentes para a mais ampla compreensão possível do assunto.

3.2. Precedentes jurisprudenciais no Brasil reconhecendo outras funções da Responsabilidade Civil

No Brasil, o Superior Tribunal de Justiça já mencionou a função dissuasória (ou preventiva), mas como sendo próprias ou pertinentes à reparação ou compensação de danos. Uma delas, em sede de Recurso Especial, oriunda do estado do Rio de Janeiro, em que uma pessoa foi agredida dentro de um *shopping center*, entendeu-se que a indenização deveria contribuir para desestimular o ofensor a repetir o ato, inibindo sua conduta antijurídica (1).[148]

> EMENTA: CIVIL E PROCESSUAL CIVIL. DANO MORAL. AGRESSÕES POR SEGU-RANÇAS DE *SHOPPING CENTER*. INDENIZAÇÃO. QUANTUM. HONORÁRIOS. CONDENAÇÃO. OBSERVÂNCIA AO ART. 21, CPC. RECURSO DESACOLHIDO. I – A indenização deve ser fixada em termos razoáveis, não se justificando que a reparação venha a constituir-se em enriquecimento indevido, com manifestos abusos e exageros, devendo o arbitramento operar com moderação, proporcionalmente ao

---

Responsabilidade civil. 8. ed. Rio de Janeiro: Forense, 1998; LOPEZ, Teresa Ancona. *O dano estético:* responsabilidade civil. São Paulo: RT, 1999; CAVALIERI FILHO, Sérgio. *Programa de responsabilidade civil.* 3. ed. São Paulo: Malheiros, 2002; Quando a vítima reclama a reparação pecuniária em virtude do dano moral, não pede um preço para a sua dor moral, mas, a penas, que se lhe outorgue um meio de atenuar, em parte, as consequências da lesão jurídica. Na reparação dos danos morais, o dinheiro não desempenha a função de equivalência, como, em regra, nos danos materiais, porém, concomitantemente, a função satisfatória é a de pena. (p. 47); GAMA, Guilherme Calmon Nogueira da. Critérios para a fixação da reparação do dano moral: abordagem sob a perspectiva civil-constitucional. In: LEITE, Eduardo de Oliveira (Org.). *Grandes temas da atualidade*: dano moral. Rio de Janeiro: Forense, 2002; NORONHA, Fernando. Desenvolvimentos contemporâneos da responsabilidade civil. *Revista dos Tribunais*, v. 761, p. 31-44, mar. 1999; CAHALI, Yussef Said. *Dano e indenização.* São Paulo: Revista dos Tribunais, 1980, p. 23".

[148] BRASIL. Superior Tribunal de Justiça. REsp 215607/RJ. Relator: Min. Sálvio de Figueiredo Teixeira. 4ª Turma. *DJ* 13 set. 1999; BRASIL. Superior Tribunal de Justiça. RESP 295175/RJ. Relator: Min. Sálvio de Figueiredo Teixeira. 4ª Turma. *DJ* 02 abr 2001.

grau de culpa e ao porte econômico das partes, orientando-se o juiz pelos critérios sugeridos pela doutrina e pela jurisprudência, com razoabilidade, valendo-se de sua experiência e do bom senso, atento à realidade da vida e às peculiaridades de cada caso. Ademais, deve ela contribuir para desestimular o ofensor a repetir o ato, inibindo sua conduta antijurídica. II – Diante dos fatos da causa, razoável a indenização arbitrada pelo Tribunal de origem, levando-se em consideração não só a desproporcionalidade das agressões pelos seguranças como também a circunstância relevante de que os shopping centers são locais freqüentados diariamente por milhares de pessoas e famílias. III – Em face dos manifestos e freqüentes abusos na fixação do quantum indenizatório, no campo da responsabilidade civil, com maior ênfase em se tratando de danos morais, lícito é ao Superior Tribunal de Justiça exercer o respectivo controle. IV – Calculados os honorários sobre a condenação, a redução devida pela sucumbência parcial nela foi considerada.

Outro ilustrativo precedente foi em relação às ofensas causadas por empresa jornalística a uma Juíza Federal, quando imputou a esta fatos inverídicos, conforme comprovado, oportunidade em que o mesmo relator referiu que "sem embargo da leviandade da notícia jornalística, a atingir a pessoa de uma autoridade digna e respeitada, é de se reconhecer que a condenação, além de reparar o dano, deve também contribuir para desestimular a repetição de atos desse porte", como segue:

EMENTA: CIVIL E PROCESSUAL CIVIL. RESPONSABILIDADE CIVIL. IMPRENSA. NOTÍCIA JORNALÍSTICA IMPUTANDO LEVIANA E INVERÍDICA A JUÍZA FEDERAL. FRAUDE DO INSS. PÁLIDA RETRATAÇÃO. RESPONSABILIDADE TARIFADA. INAPLICABILIDADE. NÃO-RECEPÇÃO PELA CONSTITUIÇÃO DE 1988. DANO MORAL. *QUANTUM* INDENIZATÓRIO. CONTROLE PELO SUPERIOR TRIBUNAL DE JUSTIÇA. PRECEDENTE. RECURSO PARCIALMENTE PROVIDO. I – A responsabilidade tarifada da Lei de Imprensa não foi recepcionada pela Constituição de 1988. II – O valor da indenização por dano moral sujeita-se ao controle do Superior Tribunal de Justiça, sendo certo que, na fixação da indenização a esse título, recomendável que o arbitramento seja feito com moderação, observando as circunstâncias do caso, aplicáveis a respeito os critérios da Lei 5.250/67. III – Sem embargo da leviandade da notícia jornalística, a atingir a pessoa de uma autoridade digna e respeitada, e não obstante se reconhecer que a condenação, além de reparar o dano, deve também contribuir para desestimular a repetição de atos desse porte, a Turma houve por bem reduzir na espécie o valor arbitrado, inclusive para manter coerência com seus precedentes e em atenção aos parâmetros legais.

No mesmo contexto ainda paradigmático, o acórdão da lavra do Desembargador Cacildo de Andrade Xavier, do Tribunal de Justiça do Estado do Rio Grande do Sul, quando decidiu que a fixação do dano deve levar em conta o caráter compensatório e punitivo:[149]

EMENTA: APELACAO CIVEL E RECURSO ADESIVO. RESPONSABILIDADE CIVIL. DANO MORAL. ACUSACAO INJUSTA DE FURTO EM MERCADO. A injusta

---

[149] RIO GRANDE DO SUL Tribunal de Justiça. Apelação Cível n° 70001615152. 6ª. Câmara Cível. Relator: Cacildo de Andrade Xavier. Julgado em: 11 abr. 2001.

imputação de furto a cliente de mercado e a sua revista causam constrangimento passível de indenização. A fixação do dano deve levar em conta o caráter compensatório e punitivo. Redução. Preliminar rejeitada. Apelação provida em parte. Recurso Adesivo desprovido.

Dessarte, constata-se ser considerada a função de punir e/ou prevenir, na jurisprudência brasileira, delimitada pelos estreitos canais da compensação dos danos extrapatrimoniais, servindo mesmo de baliza para determinar a elevação do *quantum* a ser pago à vítima do prejuízo.

Talvez estejam a doutrina e a jurisprudência, nesta ordem, ainda bem à frente da esfera legislativa quanto à abordagem, de alguma forma, de outras funções da responsabilidade civil, que não as tradicionais de indenizar, leia-se reparar ou compensar danos sofridos por membros da sociedade, mas com a perspectiva concreta de mudança neste sentido.

3.3. Previsão legislativa da função dissuasória da responsabilidade civil

A possibilidade de inserção, no Direito objetivo brasileiro, de tais finalidades à responsabilidade civil, tomou corpo mais recentemente em virtude da propositura de alteração legislativa, pelo Deputado Federal Ricardo Fiúza (PPB/PE), que, pelo Projeto de Lei n° 6.960/02, se encontrava na Câmara dos Deputados e visava à modificação de diversos artigos do Código Civil – Lei 10.406/02, entre eles do artigo 944, que passaria a prever expressamente uma das funções da responsabilidade civil que ora se analisam, constando:

Art. 944 do Código Civil: A lesão mede-se pela extensão do dano. (...) § 2° A reparação do dano moral deve constituir-se em compensação ao lesado e adequado desestímulo ao lesante.

Atualmente, o Projeto de Lei do Senado trazendo funções compensatórias, preventiva e punitiva de indenização tem o n° 413/2007. Este encontra-se para análise na Comissão de Constituição, Justiça e Cidadania do Senado, tendo como autor o Senador Renato Casagrande.

Tal projeto é um avanço em relação ao anterior já que mais abrangente, inserindo as funções preventiva e punitiva não só ao dano moral, mas às indenizações de um modo geral. Portanto, a existência legal das funções que ora se propõe é iminente, o que reforça a percepção de que a ideia está cada vez mais sedimentada no cenário nacional, inclusive no âmbito legislativo.

Nesse sentido não é demasiado lembrar que o Código de Defesa do Consumidor também regula a responsabilidade de modo amplo, consagrando expressamente a responsabilidade pelo dano moral, muito embora tenha sido vetado do projeto o artigo que acolhia uma versão brasileira dos *punitive damages*,[150] sob o argumento de que o artigo 12 e outras normas do próprio Código já dispunham "de modo cabal" sobre a reparação do dano sofrido pelo consumidor.

Vislumbra-se *in casu* que o tratamento dado no Direito pátrio à matéria, especialmente no âmbito legislativo, aproxima-a cada vez mais ao instituo alienígena, no qual as funções dissuasória e punitiva são autônomas e não vinculadas aos danos patrimoniais ou morais, como costumam chamar (indevidamente) os danos extrapatrimoniais. Contudo, *de lege ferenda* bem como em observância à *mens legislatoris*, a intenção de se colocar no ordenamento jurídico brasileiro de forma expressa, tal possibilidade está a demonstrar a preocupação de adequar-se o sistema pátrio à realidade atual. Principalmente em se tratando de ilícitos civis, os quais, no mundo globalizado em que se vive, têm sido crescentes, denotando maior preocupação com a(s) vítima(s) de tais condutas.

Se é certo que o Direito positivo se constitui em uma das fontes do Direito, também o é que, existindo no seio do ordenamento jurídico previsão positivada de determinado instituto, este passa a ter uma força ainda maior num Estado Democrático de Direito, ou seja, num sistema como no do Brasil, pertencente à Família Romano-Germânica, que tem na legalidade uma de suas vigas basilares de sustentação. Entretanto importa ressaltar que, a exemplo do ocorrido com o dano moral no início de sua aplicação, a falta de previsão legislativa expressa não impede o reconhecimento dos institutos, como ora se sustenta neste trabalho.

Por outro lado, há de reconhecer-se que, de forma mais contundente e unívoca, são as críticas quanto à (im)possibilidade de se admitirem essas novas funções, por parte da ordem constitucional e jurídica brasileira. A consideração dessas críticas também se faz relevante para a construção do pensamento e, principalmente, para fundamentar de maneira mais tranquila e imparcial a posição que se queira adotar ante o tema.

---

[150] O projeto art. 16 tinha a seguinte redação: "Se comprovada a alta periculosidade do produto ou serviço que provocou o dano, ou grave imprudência, negligência ou imperícia do fornecedor, será devida multa civil de até um milhão de vezes o Bônus do Tesouro Nacional – BTN, ou índice equivalente que venha a substituí-lo, na ação proposta por qualquer dos legitimados à defesa do consumidor em juízo, a critério do juiz, bem como a situação econômica do responsável".

3.4. Críticas quanto à aplicação das prestações punitivas/dissuasórias no Brasil

Alguns juristas pregam que a denominada por eles "Teoria do Desestímulo", como traduzida para o português, a qual embasa as funções punitiva e dissuasória, deve ser prontamente rechaçada do sistema jurídico vigente no Brasil, sob os seguintes argumentos:[151]

1) Os danos punitivos são verdadeiras sanções penais, contrapondo-se ao instituto da responsabilidade civil, que visa ao ressarcimento/compensação do dano efetivamente sofrido.

2) Admitir o uso dos "danos punitivos" seria ensejar o enriquecimento sem causa, pois a reparação pecuniária extrapolaria o prejuízo sofrido.

3) Esses danos representam a mercantilização da justiça e das relações existenciais,[152] transformando o acesso à tutela jurisdicional em loteria, cujo prêmio máximo seriam "absurdas indenizações milionárias" (*tort lottery* ou *overcompensation*).

4) Seriam um *bis in idem*, já que em hipóteses de condenação por lesões corporais, p.ex., além da pena privativa de liberdade ou restritiva de direitos, o autor seria punido novamente ao reparar os danos.

5) A Constituição Federal de 1988, ao utilizar a expressão "indenização" no artigo 5º, inciso X, afasta qualquer possibilidade de fixação de valor a título de danos morais que seja superior ao prejuízo causado.

Assim postas as considerações contrárias à admissibilidade das funções punitivas e dissuasórias, necessária se faz de pronto a fixação de algumas premissas para iniciar o debate e o caminho a uma conclusão sobre o tema.

I) No que tange ao valor concedido pela condenação do responsável civil ("os danos punitivos são verdadeiras sanções penais, contrapondo-se ao instituto da responsabilidade civil que visa ao ressarcimento/compensação do dano efetivamente sofrido") ser equiparado, pois, a sanções penais, já se demonstrou, no presente

---

[151] MANENTE, Luís Virgílio Penteado; BARBUTO NETO, Antônio Marzagão. Os danos punitivos do direito norte americano e sua incompatibilidade com o ordenamento jurídico brasileiro. Disponível em: <http://www.lvba.com.br> e MOREIRA, Fernando Mil Homens; CORREIA, Atalá. *A fixação do dano moral e a pena*. Disponível em: <http://www.jusnavigandi>. Acesso em: 03 nov. 2004.

[152] MORAES, data, p. 328.

trabalho, que há tempo se sabe das distinções marcantes entre ambos os ramos do Direito. Bastaria acrescer, para afastar qualquer dúvida, que o Direito Penal tem como consequência, quando da sua aplicação, a restrição da liberdade ou, no mínimo, de direitos do agente causador de um fato que, além de ilícito, é típico penalmente.

Tais objetivos não são buscados pelo ramo do Direito das Obrigações que se aplica aos causadores de ilícitos civis. Isso porque, ao agente provocador do ato contrário ao Direito continuar-se-á a considerar a condenação com o fim de indenizar e compensar a lesão ao direito da vítima ou vítimas, acrescendo-se, contudo, a de puni-lo. Conforme se explicará mais amiúde logo adiante, a proposta, posto que já há previsão nesse sentido no Brasil, é o pagamento desse "valor extra" a destino diverso, que não à vítima, mas a órgãos públicos ou privados de interesse público. Afinal, se o lesante não se sentir, após a prática da conduta ilícita que denote especial "dolo" do seu agir, atingido de tal forma a evitar que o ato se repita, de nada adiantará ser responsabilizado civilmente, fortalecendo-se nesta indiferença a possibilidade de repetição da conduta indesejada pela sociedade.

Daí, demonstrarem-se fins ontológico e juridicamente diversos, em que pese nominalmente próximos, o de punir e prevenir no âmbito da responsabilidade penal e da responsabilidade civil.

II) Quanto a gerar o enriquecimento sem causa, como esclarecido, pela verificação do tratamento dado à matéria no Direito comparado, os sistemas que aplicam as prestações punitivas destinam o valor a ser pago pelo causador do dano, no mais das vezes, à vítima ou a uma entidade pública ou privada de interesse público relacionada ao bem jurídico afetado, ao menos como ocorre nos Estados Unidos.

A pessoa ou grupo de pessoas que foram lesadas, ainda que questionável caso houvesse um enriquecimento destas, seria ele efetivamente sem causa, receberão indenização e, eventualmente, compensação pelo que sofreram tão-somente. O valor a mais se destinaria a pessoa jurídica, oficial ou não, desde que passível de fiscalização pelo órgão cedente do valor.

Não se pode perder de mira, o que bem destacaram Martins-Costa e Pargendler no que concerne à necessidade do estudo comparatista, quanto à atenção ao lugar como requisito de método,[153] consoante afirmado alhures, o que legitima as diferentes *nuances* concedidas ao instituto que se quer ou não aderir.

---

[153] MARTINS-COSTA; PARGENDLER, 2005, p. 16.

Ressalta-se que o objetivo da aplicação das prestações punitivas não é enriquecer um indivíduo em detrimento do empobrecimento de outro, sendo que a destinação do valor decorrente da condenação para fins punitivos e dissuasórios será regulada por ocasião de sua aplicação.

Importante salientar, então, que isso já ocorre nas condenações em sede de ações civis públicas por ilícitos contra o meio ambiente, contra o consumidor, a criança e o adolescente, entre outros interesses coletivos *lato sensu* que são tutelados pela esfera jurídica nacional. Ou, ainda, antes do ajuizamento dessas demandas, nos termos de ajustamento de conduta, quando os valores a serem pagos pelo investigado pela prática dos referidos danos são destinados a instituições que visam a proteger ou promover o desenvolvimento de atividades relacionadas ao bem jurídico que foi atingido.

O mesmo ocorre no próprio Direito Penal, no que concerne ao destinatário, pois as sanções pecuniárias (pena de multa) são devidas ao Estado (Fazenda Pública), e não à vítima do crime pelo qual o agente foi condenado.

Quanto a tal aspecto, destaca-se a opinião de Américo Luiz Martins da Silva, citado por Moreira e Correia,[154] para quem há uma sutil diferença entre multa pecuniária (pena) e reparação do dano moral. A primeira é devida ao Estado; enquanto a segunda é devida ao lesado, o que já delineia uma distinção bem clara entre indenizar e punir, como finalidades bem distintas, pelo que não podem decorrer do mesmo instituto, como *in casu* compensação por danos morais, conforme sustentam, na sua amplíssima maioria, os autores brasileiros ao considerarem os *punitive damages* atrelados aos "danos morais".

III) Nesse mesmo contexto é que se discorda do argumento de que irá representar a mercantilização da Justiça e, mais ainda, das relações existenciais, transformando-se o acesso à tutela jurisdicional em loteria, cujo prêmio máximo seriam "absurdas indenizações milionárias" (chamadas nos países da *Common Law* de *tort lottery* ou *overcompensation*), ou ainda, banalizando-se o que há de mais fundamental quanto ao Direito, que é proteger exatamente os direitos do homem, seja em que nível tal cuidado se dê. O prisma de análise deve ser outro.

Para aplicação de tais funções à responsabilidade civil no sistema brasileiro deverão observar-se parâmetros concordes com a realidade financeira, econômica, cultural, social do Brasil; e não com a

---

[154] MOREIRA; CORREIA, 2004, p. 10.

norte-americana, assim como ocorre atualmente com os parâmetros utilizados para fixação da compensação dos danos extrapatrimoniais (entendendo-se estes como gênero de que são espécies o dano moral puro, dano estético, dano à imagem, entre outros).

Como no caso dos danos morais puros, há de prevalecer o bom-senso do julgador, uma vez que, diferentemente da *tort law* em que juízes leigos, ou seja, um Tribunal do Júri Popular, podem aplicar uma quantia de condenação de acordo com seu entendimento, no Brasil, um técnico o fará, oportunidade em que se vai utilizar de instrumentos como o próprio princípio da razoabilidade, além de critérios como, por exemplo, os utilizados para fixar o *quantum* referente aos danos morais. Para ilustrar a asserção, utiliza-se a doutrina de Bittar:[155] "o ressarcimento por danos morais deve se balizar em dois pontos: a) a intensidade do dano sofrido; b) a peculiar situação econômica do agente e seu dolo".

Dessa forma, com instrumentos inerentes à atividade jurisdicional, bem saberá um Juiz aplicar o valor necessário e adequado para punir o transgressor e evitar que este e outras pessoas venham a praticar novos ilícitos civis, fixando, da mesma forma como ocorreu com os danos extrapatrimoniais já reconhecidos no país, determinados critérios.

IV) Quanto ao referido *bis in idem* que ocorreria em hipóteses de condenação por lesões corporais, v.g., quando o autor, além da pena privativa de liberdade ou restritiva de direitos, seria punido novamente ao reparar os danos, o argumento é falho.

Tal obstáculo não procede, uma vez que já há, no ordenamento jurídico, artigo 935 do Código Civil vigente, disposições nesse sentido, o que não viria a ocorrer, portanto, somente agora com o reconhecimento dessas novas funções da responsabilidade civil. Ou seja, vige o princípio da independência das instâncias,[156] segundo o

---

[155] BITTAR, Carlos Alberto. *Responsabilidade civil:* teoria e prática. 2. ed. Rio de Janeiro: Forense Universitária, 1990, p. 77-78.

[156] É reiterado esse entendimento tanto em nível legislativo, doutrinário, como jurisprudencial, valendo, a título ilustrativo, colacionar passagem do acórdão do Ministro Ilmar Galvão, no Mandado de Segurança 21.301-9 DF, quando refere expressamente: "(...) O desprezo da comissão de procedimento disciplinar pela suposta prova da inexistência de autoria, produzida na ação penal, ainda estivesse provado (e não está), seria irrelevante. A independência das instâncias administrativa, civil e penal faz com que a prova produzida em uma delas não afete aquela produzida na outra, a não ser em duas hipóteses, nas quais a decisão penal condiciona a administrativa e a civil: quando se julga provada a inexistência material do fato (isto é, que o fato não ocorreu) e quando se considera demonstrado que o réu não foi seu autor. E não é esse o caso dos autos, em que a ação penal não fora julgada sequer em primeira instância, quando o mandado de segurança foi impetrado e, muito menos, quando os impetrantes foram demitidos.(...)".

qual poderá haver a incidência da responsabilização criminal, civil e administrativa, quanto ao mesmo fato se este configurar ilícito nas três esferas.

Apesar disso, na maioria dos casos, a condenação do agente na seara criminal faz coisa julgada na esfera cível. Não se percebem vozes sustentando o *bis in idem*.

Ademais, tal questão foi enfrentada no início deste trabalho, quando se afirmou que, neste caso, quando o agente recebe uma reprimenda na esfera criminal, ele estará cumprindo pessoalmente sua pena. Entretanto, isso não significa que a(s) vítima(s) receberá(o) algum valor para reparar seus danos, a menos que ingresse em juízo postulando, nem tampouco, que o agente não voltará a praticar o mesmo ou outro ilícito.

Apenas para ilustrar, utilizando exemplo semelhante ao dado para corroborar o *bis in idem*. Suponha-se que pessoa lesione outra, deixando esta com debilidade permanente de um membro, crime tipificado no § 1° do artigo 129 do Código Penal Brasileiro.

O agente será punido com pena privativa de liberdade, entre um e cinco anos de reclusão. Mas a vítima, que consequências terá e em que extensão verá atingidos seus dependentes?

Neste caso, poderá buscar, como antes aludido, uma reparação pelas lesões patrimoniais e extrapatrimoniais sofridas no campo do Direito Civil. Porém, o Estado poderá condená-lo a pagar um valor além da reparação e compensação, para uma entidade pública ou privada, para que com esta responsabilidade, além de punir o agente, faça com que ele não volte a lesionar outra pessoa, sendo dissuadido deste intento ante o desembolso de quantia suficiente e adequada para atingir tais desideratos.

V) Derradeiramente, por necessitar a tese da inconstitucionalidade das prestações em comento (razão pela qual não poderiam estas ser aceitas pelo sistema jurídico pátrio) uma análise mais profunda, até pela amplitude da questão, esta será abordada demoradamente.

3.4.1. Da (in)constitucionalidade das funções punitiva e dissuasória à responsabilidade civil

O argumento de que o artigo 5°, inciso X, da Constituição Federal "afasta qualquer possibilidade de fixação de valor a título de danos morais que seja superior ao prejuízo causado", não retrata a melhor interpretação.

Isso porque os intérpretes abordam uma restrição que não parece ter sido pretendida pelo legislador constituinte, além de estarem associando a responsabilização a prestações punitivas e dissuasórias à responsabilização pelos danos morais, cujas finalidades não se confundem.

Imperioso contextualizarem-se as críticas em comento, pois, conforme supra-referido, estas se fortificaram a partir da propositura do projeto de lei, ainda em 2002, para inserir no corpo do Código Civil vigente a função dissuasória à responsabilidade civil, todavia, relacionada diretamente ao dano moral.

Com efeito, da leitura do inciso X do artigo 5° da Magna Carta, depreende-se que os direitos declarados são a proteção à intimidade, à vida privada, à honra e à imagem das pessoas. Ao que se sucedem as formas de proteção desses direitos consistentes na indenização por danos materiais ou morais.

No entanto, não se trata das funções punitiva e dissuasória (ou preventiva) de finalidades a serem alcançadas pela responsabilidade decorrente do reconhecimento de danos materiais ou morais, cuja reparação/compensação estão expressamente previstas no rol dos direitos fundamentais do Título II da Constituição Federal.

As demais funções que ora se buscam agregar à responsabilidade civil vêm exatamente ao encontro da proteção de determinados valores, os quais, dada a sua relevância, são considerados materialmente fundamentais, estejam eles dentro ou fora do catálogo, especialmente se considerarmos uma interpretação em consonância com o regime democrático.

Assim, considera-se que aqueles bens a serem protegidos são mínimos, como mínimas também as formas de proteção dos mesmos que ali estão insculpidas, quais sejam, a reparação pelos danos patrimoniais e "morais". Lembre-se que vige quanto à interpretação dos Direitos Fundamentais o princípio da máxima eficácia, portanto, ao invés de óbice, é justamente a via de acesso às novas funções da responsabilidade civil, para que aqueles direitos que, por seu conteúdo e relevância se equiparam aos do catálogo, possam ser efetivamente priorizados e protegidos.

O que se propõe neste trabalho, em síntese, é o uso da hermenêutica do Direito calcada numa prudente fundamentação do aplicador do instituto, de modo a ensejar uma reflexão sobre a possibilidade de serem reconhecidas as funções em comento e uma finalidade pedagógica e não meramente reparatória da responsabilidade civil. Para tanto, tomar-se-á a interpretação como uma forma de dar concretude a direitos fundamentais, detidamente àqueles de âmbito coletivo, invocando ademais, a "teoria dos poderes implícitos", originada da Suprema Corte Norte-Americana, reconhecida pelo Supremo Tribunal Federal.

Primeiramente, há de ser considerada a questão das lacunas legislativas, traçando-se um critério de interpretação do Direito, tomando por base a busca de efetivação de direitos fundamentais, considerando também o Poder Judiciário e as funções essenciais à Justiça, em decorrência do que propõe a Teoria dos Poderes Implícitos, como órgãos legitimados a aplicar, em assim entendendo necessário, a uma visão mais social do que individual dos prejuízos decorrentes de atos ilícitos, ao lado das clássicas funções da Responsabilidade Civil, as que ora se debate.

3.5. As lacunas do Direito

Segundo Ricardo Guastini, diz-se que no discurso legislativo há uma lacuna quando a hipótese não está ligada a nenhuma consequência jurídica.[157] Por isso, após desenvolver o tema, o autor traz no bojo de sua obra exemplos práticos dessas categorias de problemas a serem solvidos pelo Juiz, aduzindo dois modos para preencher lacunas.

Destaca Guastini que, para preencher as lacunas no campo da interpretação é possível fazê-lo ampliando o material legislativo tomado em consideração, para encontrar disposição adequada a regular o caso em concreto ou modificar a interpretação precedente da legislação submetida à análise, por exemplo, mediante interpretação extensiva, evolutiva ou sistemática, de modo a extrair das mesmas disposições, a norma reguladora da situação posta em análise.

Por outro lado, lembra o prestigiado jurista, há vezes em que não se encontra interpretação "persuasivamente argumentável" para resolver o problema, oportunidade em que o caso concreto somente pode ser disciplinado através de uma nova norma.

Neste aspecto, conclui Guastini que a "expressão 'integração do direito', entendida estritamente, designa exatamente a elaboração de normas implícitas, com o que se preenchem as lacunas", sendo essas normas sem disposição, não expressamente formuladas pelo legislador, mas que podem ser extraídas mediante algum procedimento

---

[157] GUASTINI, Ricardo. *Das Fontes às Normas*. Trad. Edson Bini. São Paulo: Quartier Latin, 2005, p. 227.

argumentativo, de uma norma explícita ou de uma combinação de normas explícitas.[158]

Relevante destacar, em tal contexto, a lição de Juarez Freitas acerca da interpretação sistemática do Direito para a completude deste, quando da existência de lacunas, ao referir: "a interpretação sistemática tem de levar em consideração a abertura do sistema", entendendo-a de modo similar àquele esposado por Claus-Wilhelm Canaris – a saber,

> como incompletude do conhecimento científico e como modificabilidade da própria ordem jurídica. Uma e outra modalidades de abertura são características inafastáveis do Direito, e nada autoriza crer que em razão de semelhante natureza, possa ser inviabilizada a formação do sistema, senão que, longe de inviabilizá-la, justamente ela que torna viável a determinação a partir da realidade.[159]

Explica o autor que esta abertura deve ser traduzida como "possibilidade de modificações restauradoras do sistema objetivado, não apenas em função das alterações legislativas, mas por intermédio da interpretação como fonte material de notável valia".[160] Ao que logo após acrescenta: "cada preceito deve ser visto como parte viva do todo, eis que apenas no exame de conjunto tende a ser melhor equacionado qualquer caso, quando se deseja uma bem fundamentada hierarquização tópica dos princípios tidos como proeminentes".[161]

Forçoso reconhecer, dessarte, que somente o texto jurídico permeado por elementos outros que permitam harmonizar a interpretação e a aplicação deste pode atingir o tão almejado significado normativo.

Assim, inevitável o uso de princípios que venham a desempenhar o papel de "mandamentos de otimização", parafraseando Robert Alexy, que considera que "estes são caracterizados pelo fato de poderem ser cumpridos em diferentes graus, sendo que a medida do seu cumprimento depende das possibilidades fáticas e jurídicas existentes, não havendo, pois, princípios dotados de prevalência absoluta, sendo que ele afere ser possível a estipulação da precedência de um princípio sobre o outro apenas com a utilização do princípio

---

[158] GUASTINI, Ricardo. *Das Fontes às Normas*. Trad. Edson Bini. São Paulo: Quartier Latin, 2005., p. 232.

[159] Ibid., p. 65.

[160] Ibid.

[161] Ibid., p. 70-71.

da proporcionalidade",[162] daí a relevância de seu pensamento para este trabalho.

Relevante, ainda, para a correta compreensão do tema, a utilização do metacritério de hierarquização axiológica, como ensina Juarez Freitas:

> A hierarquização axiológica aparece sob a feição explícita de norma mais abarcante e poderosa, jurídica e teleologicamente, do que a norma geral exclusiva, por ser princípio superior, pensado de tal maneira a evitar , entre os vários planos, uma contradição ou exigindo que o tema seja dotado de prescrições que aspirem à universalização não-contraditória.[163]

A utilização desse princípio se mostra necessária exatamente em razão de não se aceitar ausência de resposta sistêmica ante as lacunas, já que, consoante o citado autor, "a completabilidade é elemento a ser preservado para a garantia de outro valor fundamental, qual seja, a coerência capaz de oferecer, para todas as ocasiões, um comando que evite a falta de critérios decisórios, impedindo a instauração da racionalidade arbitrária".[164]

Freitas refere Konrad Hesse, o qual, segundo ele, teve o mérito de superar a teoria objetiva da interpretação, mostrando que apenas de modo relativo a meta colimada pela hermenêutica poderia consistir no desvelar de uma vontade, além de que os distintos métodos de interpretação, tomados isoladamente, oferecem orientação insuficiente e assaz incompleta.[165]

Como conclusão sobre a lição de Hesse, Juarez Freitas ressalta que

> (...) o princípio da hierarquização axiológica desempenha consistente papel unificador e sistematizante, indispensável metacritério que ordena a prevalência, no caso concreto, do princípio axiologicamente superior, mesmo no conflito apenas de regras, viabilizando uma exegese capaz de evitar a autocontradição, bem como resguardando a unidade sintética dos múltiplos comandos, culminando por ser, ainda que reflexamente, orientador da exegese rumo à totalidade.[166]

Após a análise teórica, culmina seu entendimento propondo critérios para uma adequada interpretação sistemática em todos os ramos do direito objetivo, os quais são transcritos resumidamente:

---

[162] ALEXY, Robert. *Teoria da argumentação jurídica.* Tradução Zilda Hutchinson Schild Silva. 2. ed. São Paulo: Landy, 2005, p. 30.

[163] FREITAS, 2004, p. 122.

[164] Ibid.

[165] Ibid., p. 124-125.

[166] Ibid., p. 130.

> (...) cabe ao intérprete sistemático: I)exercer o papel maiêutico de extrair o melhor da elasticidade do Direito Objetivo; II)saber garantir a coexistência, ao máximo, dos valores, princípios e normas em conflito, pautando sua visão pelos vetores mais altos e nobres do ordenamento, os princípios fundamentais; III) sobrepassar as antinomias, resguardando o binômio segurança/justiça; IV) empenhar-se para que o labor exegético se faça garantidor do núcleo essencial dos direitos fundamentais, tendo claro que sua visão é para com o Direito; V)explicitar as premissas eleitas na conclusão dos silogismos não-formais de sua exegese; VI)saber que precisa construir o sistema a partir de uma visão dedutiva de suporte indutivo; VII) deve o intérprete manter desperta a relação mutuamente vitalizante do seu espírito com o complexo de enunciados; VIII) deve realizar o exame da íntegra dos fatos coletados e efetuar, a partir daí, um diagnóstico seguro para, no bojo do sistema, encontrar o melhor e mais conciliatório tratamento para superar as controvérsias, conservando a sistematicidade; IX) à base do sistema objetivo, ser o grande artífice das mutações do ordenamento; X) salvaguardar a essência pluralista da idéia de Direito como um resultado do pensamento sistemático e tópico, acolhendo a possibilidade de constante evolução.[167]

Assim, conclui-se que se impõe a compreensão do fenômeno jurídico, notadamente no interior de uma ordem constitucional pautada por normas-regras e normas-princípios, como a brasileira, exigindo uma particular atenção para a distinção entre estas, e para a sua operacionalização, utilizando-se sempre critérios para permitir a unidade e atualidade do sistema jurídico-constitucional.

Nesse contexto, pertine destacar que a Constituição Federal Brasileira trouxe um rol extenso de direitos e garantias fundamentais, que representam, ao menos no âmbito material desses direitos, os valores mais relevantes para o povo brasileiro, tomando-se por norte que a República Federativa do Brasil também se caracteriza por ser um Estado democrático. Ocorre, contudo, que nem sempre tais direitos são efetivamente alcançados por seus destinatários, em razão da falta de instrumentos que os viabilizem, sejam eles providências a serem tomadas no âmbito administrativo pelo Poder Executivo, seja no âmbito do Poder Legislativo, pelas lacunas mencionadas.

Contudo, diferentemente dos demais, ao Poder Judiciário impõe-se a tomada de decisões quando tais direitos estão sendo lesados ou ameaçados, já que assim também previu o Constituinte quando da repartição dos Poderes que estruturam a República Federativa do Brasil.

Afinal, de que adiantariam tantos direitos abarcados de forma expressa ou implícita pela Constituição se eles não pudessem ser realmente fruídos, gozados por seus destinatários? É por este mo-

---

[167] FREITAS, 2004, p. 177-180.

tivo que ao Poder Judiciário, bem como àquelas funções que lhes são essenciais, incumbe garantir a proteção desses direitos, devendo ser alcançados os meios necessários para que não reste prejudicada a sua atuação perante os jurisdicionados. É neste diapasão que se entende conveniente a adoção da Hermenêutica para a inserção de novas alternativas ao Direito, a fim de resolver os conflitos postos em causa, recorrendo-se, ainda, à "teoria dos poderes implícitos" como forma de suprir eventuais lacunas, não só legislativas, mas igualmente no ordenamento jurídico de um modo geral.

3.6. Breves considerações acerca da Teoria dos Poderes Implícitos

A denominada "Teoria dos Poderes Implícitos", reconhecida e utilizada no Brasil pela doutrina e jurisprudência do Supremo Tribunal Federal,[168] traduz-se precisamente na existência de poderes além daqueles expressos no texto constitucional, poderes instrumentais, sem os quais seriam meras abstrações, de impossível efetivação, os poderes expressos.

Afinal, de que adiantaria a Constituição da República dotar o Poder Judiciário e o próprio Ministério Público de seus atuais perfis de aplicador do Direito e defensor da República e de defensor do Estado Democrático de Direito, respectivamente, se não lhes proporcionasse os meios para atingi-los?

Nas palavras do prestigiado doutrinador brasileiro, Pinto Ferreira,[169]

> As Constituições não procedem a enumerações exaustivas das faculdades atribuídas aos poderes dos próprios Estados. Elas apenas enunciam os lineamentos gerais das disposições legislativas e dos poderes, pois normalmente cabe a cada órgão da soberania nacional o direito ao uso dos meios necessários à consecução dos seus fins. São os chamados poderes implícitos.

Tal teoria trata da criação jurisprudencial norte-americana, pela Suprema Corte, tendo seu Presidente (*Chief-Justice*) John Marshall, no caso *McCulloch v. Maryland*, interpretando a Constituição norte-americana, concluído pela imunidade tributária da União ante os Estados, bem como pela existência de poderes implícitos, além daqueles expressos no texto constitucional. O caso *McCulloch* decorreu da criação de uma agência do Banco dos Estados Unidos no Estado

---

[168] ADI 1.547

[169] FERREIRA, Pinto. *Comentários à Constituição brasileira*. São Paulo: Saraiva, 1989. v. 2, p. 132.

de *Maryland, McCulloch*, que, sendo tesoureiro do Banco, negou-se a pagar uma taxa ao Estado de *Maryland*.

A Constituição não dizia que a União poderia criar a agência do Banco, mas se tratava, conforme demonstrou *Marshall*, de um poder implícito, indispensável para a efetivação dos poderes expressos que a Constituição conferira à União. E, diz Marshall, "the power to tax involves the power to destroy": o poder de tributar permitiria ao Estado impossibilitar o funcionamento daquela agência do Banco dos Estados Unidos, daí decorrendo a construção jurisprudencial da imunidade da União perante os Estados, e posteriormente, a dos Estados perante a União (a imunidade recíproca, prevista igualmente na Constituição Federal brasileira). Se a União tinha competência para emitir moeda, superintender o crédito, etc. (poderes expressos), teria também, conforme *Marshall*, os poderes instrumentais para a efetivação dos poderes expressos.

Desse modo, como mais uma forma de se demonstrar a possibilidade de uso do instituto em comento no Direito brasileiro, parte-se da constatação de que o Poder Judiciário brasileiro está estabelecido como tal na Constituição Federal, com suas prerrogativas, garantias, competências, vedações, de forma sólida e bem estruturada, a partir do artigo 92, ao lado dos demais Poderes, Legislativo e Executivo, incumbindo-lhe o exercício primordial de dois papéis.

O primeiro, do ponto de vista histórico, é a *função jurisdicional*. Trata-se da obrigação e da prerrogativa de compor os conflitos de interesses em cada caso concreto, através de um processo judicial, com a aplicação de normas gerais e abstratas do ordenamento Constitucional e infraconstitucional.

O segundo papel é o controle de constitucionalidade. Tendo em vista que as normas jurídicas devem conformar-se à Constituição Federal, sendo adotado, para o controle da constitucionalidade, um sistema difuso (todos os órgãos do Poder Judiciário podem exercê-lo e suas decisões a este respeito são válidas apenas para o caso concreto que apreciam), embora reconheça um sistema concentrado em alguns casos (os ocupantes de determinados cargos públicos detêm a prerrogativa de arguir a inconstitucionalidade de lei ou ato normativo, federal ou estadual, perante o Supremo Tribunal Federal, por meio de ação direta de inconstitucionalidade. Neste caso, a decisão favorável ataca a lei ou ato normativo em tese), consoante dispõem os artigos 103 da Constituição Federal e aqueles da Lei nº 9.868/99 que disciplina a Ação Direta de Inconstitucionalidade.

Entre os dispositivos constitucionais que disciplinam o Poder Judiciário, merece destaque o artigo 93, inciso IX, da Magna Carta, que traz como princípio a necessidade de fundamentação de todas as decisões dos Magistrados, sob pena de nulidade.

Aborda, já no seu início, um vasto rol exemplificativo de direitos fundamentais aos brasileiros e demais pessoas que estejam no território da República Federativa do Brasil, dentro do qual também se encontra, o "princípio da inafastabilidade do Poder Judiciário", ou "princípio do amplo acesso", nos termos do artigo 5º, inciso XXXV, dispondo: "a lei não excluirá da apreciação do Poder Judiciário lesão ou ameaça a direito".

Neste diapasão, é possível concluir, a partir dessas normas, bem como amparando-se na doutrina dos poderes implícitos que, para exercer sua missão constitucional na plenitude, além de dar efetividade a esses e tantos outros direitos fundamentais, o Poder Judiciário, assim como todos os órgãos previstos pela *Lex Mater*, poderá, motivadamente, reconhecer, quando da fundamentação de suas decisões, através da interpretação sistemática da ordem constitucional e infraconstitucional, as novas funções da responsabilidade civil, quais sejam, de punir e/ou dissuadir autores de ilícitos.

No mesmo sentido, o Ministério Público, visto que a Carta Magna vigente refere esta como uma instituição permanente, essencial à função jurisdicional do Estado, incumbindo-lhe a defesa da ordem jurídica, do regime democrático e dos interesses sociais e individuais indisponíveis.

Portanto, tendo tal dimensão, faz-se necessária a utilização de todos os meios possíveis e legítimos para a efetiva consecução desses fins.

No âmbito do Direito Civil-Constitucional é bastante perceptível a insuficiência de seus institutos, mormente da responsabilidade civil, no seu âmbito de atuação, para um verdadeiro apaziguamento social por suas tradicionais funções. Daí buscar-se no Direito comparado uma alternativa para acrescentar nova forma de controle deste equilíbrio, sem ter que se esperar ou apelar à seara criminal, que num mundo globalizado, marcado por tantas diferenças culturais, econômicas e sociais, deve permanecer como *ultima ratio* do Direito. A restrição da liberdade do indivíduo, sim,continua sendo excepcional, restando para os casos em que se vejam abaladas, significativamente, as demais liberdades dos membros da comunidade em que vivem.

Funções da Responsabilidade Civil
DA REPARAÇÃO À PUNIÇÃO E DISSUASÃO

4. Reflexões acerca de uma efetiva proposta de inserção das novas funções punitiva/dissuasória à Responsabilidade Civil no Brasil

4.1. As funções punitiva e dissuasória da responsabilidade civil para a concretização dos direitos fundamentais

Dentro do exposto até aqui, propõe-se, em razão da relevância e urgência do tema, a aplicação das funções punitivas e dissuasórias a serviço da concretização dos direitos fundamentais,[170] utilizando-se, para tanto, as previsões normativas existentes em conjunto com a hermenêutica, como propõe Ricardo Guastini ao abordar as formas de suprir as lacunas do Direito.

Justifica-se tal opção em virtude de os direitos fundamentais serem responsáveis pela criação e manutenção dos pressupostos elementares de uma vida na liberdade e na dignidade humana, segundo Konrad Hesse.[171]

Tais direitos, que tradicionalmente diziam respeito a um Estado Liberal, tendo seu marco inicial no período da Revolução Francesa, em 1789, ultrapassaram as barreiras do tempo, firmando-se no contexto jurídico universal como valores que, à medida que são reconhecidos pela ordem jurídica interna, identificam cada sociedade do período contemporâneo.

---

[170] *Sarlet* propõe como definição de direitos fundamentais, baseada em Robert Alexy, como sendo "todas aquelas posições jurídicas concernentes às pessoas que, do ponto de vista do direito constitucional positivo, foram, por seu conteúdo e importância (fundamentalidade em sentido material), integradas ao texto da Constituição e, portanto, retiradas da esfera de disponibilidade dos poderes constituídos (fundamentalidade formal), bem como as que, por seu conteúdo e significado, possam lhes ser equiparados, agregando-se à Constituição material, tendo ou não, assento na Constituição formal (aqui considerada a abertura material do catálogo). (SARLET, 2006, p. 91).

[171] BONAVIDES, Paulo. *Curso de direito constitucional*. 10. ed. São Paulo: Malheiros, 2000, p. 514.

Usualmente, a doutrina refere-se a direitos fundamentais de primeira, segunda e terceira dimensões. Karel Vasak, em Estrasburgo/FR, na aula inaugural do Instituto Internacional dos Direitos do Homem,[172] foi quem fez essa classificação para os Direitos Humanos,[173] tendo sido ela adotada pela doutrina constitucional mundial como pertinente à classificação dos direitos fundamentais.[174] Reconhecida sua relevância, hodiernamente, contudo, parte da doutrina vem entendendo ser ela mais do que ultrapassada, equivocada.

Em um breve apanhado sobre tais dimensões de direitos fundamentais, tem-se que os de primeira dimensão são os direitos civis e políticos oponíveis ao Estado e as faculdades da pessoa, ostentando na subjetividade o traço mais característico. São direitos negativos, que impõem ao Estado o dever de não agir, não intervir no exercício da liberdade da esfera jurídica do indivíduo. Valorizam, pois, o homem isoladamente, o homem daquelas liberdades abstratas, o homem mecanicista da sociedade civil. Os de segunda dimensão dominam o século XX, como os de primeira dominaram o século XIX. São os direitos sociais, culturais e econômicos, bem como os direitos coletivos ou da coletividade. Relacionam-se ao princípio da igualdade, pois esta é a razão de eles existirem, sendo que dominaram nas Constituições pós-guerra (de cunho socialdemocrata) de Weimar, Alemanha (1919). São direitos que exigem prestação material do Estado, comportamento agora positivo (não mais negativo como na primeira dimensão). Muitos são direitos previstos em normas programáticas, pois não continham para sua concretização as garantias

---

[172] BONAVIDES, 2000, p. 517.

[173] J.J.Gomes Canotilho, in CANOTILHO, J.J. Gomes. *Direito constitucional e teoria da constituição*. 5ª ed. Coimbra: Almedina, 2002, p. 369, aduz que *direitos humanos* e *direitos fundamentais* são termos utilizados, no mais das vezes, como sinônimos. Entretanto, segundo a origem e o significado, podem ter a seguinte distinção: direitos do homem são direitos válidos para todos os povos e em todos os tempos (dimensão jusnaturalista-universalista): direitos fundamentais são os direitos do homem, jurídico-institucionalmente garantidos e limitados espacio-temporalmente. Os direitos humanos arrancariam da própria natureza humana e daí o seu caráter inviolável, intemporal e universal: os direitos fundamentais seriam os direitos objetivamente vigentes numa ordem jurídica concreta.

[174] Na esteira do ensinamento de A.E.Pérez Luño, relevante estabelecer distinção entre as expressões, *"direitos fundamentais"* e *"direitos humanos"*, que não se confundem, apesar do seu uso, não raras vezes, equivocado. Os direitos fundamentais são aqueles direitos do ser humano reconhecidos e positivados em esfera do direito constitucional positivo de um determinado Estado, enquanto que os *"direitos humanos"* se relacionam aos documentos de direito internacional, onde se evidenciam posições jurídicas que se reconhecem ao ser humano como tal, não importando sua vinculação com determinada ordem constitucional, desvinculada de tempo, aspirando validade supranacional. Partindo destes conceitos, pode-se dizer que os direitos humanos que adentram no ordenamento jurídico constitucional de um Estado pelos caminhos estabelecidos internamente, passam a integrar o rol dos direitos fundamentais deste Estado. Para efeito deste trabalho, de modo especial pelo enfoque predominantemente constitucional, utilizaremos a terminologia "direitos fundamentais".

ministradas aos direitos fundamentais de primeira geração, sendo necessários meios e recursos para sua efetivação. Posteriormente, veio a fase de consolidação e execução, pois as recentes Constituições (do Brasil também) estabelecem que as normas de direitos fundamentais são auto-aplicáveis (aplicabilidade imediata).

Os direitos de terceira dimensão visam não só a proteção do indivíduo, de um grupo ou de determinado Estado. Destinatário é o gênero humano. Referem-se ao desenvolvimento (refere-se aos Estados e aos indivíduos – ao trabalho, à saúde, à qualidade de vida), à paz, ao meio ambiente equilibrado, ao direito de propriedade sobre o patrimônio comum da humanidade e ao direito de comunicação.

Por derradeiro, oportuno mencionar que no Brasil o respeitado constitucionalista Paulo Bonavides sustenta a existência de direitos fundamentais de uma quarta dimensão, consubstanciando-se estes no resultado da globalização dos direitos fundamentais. São os direitos à democracia, cujo conteúdo é a garantia ao indivíduo, da sua dignidade através da participação na sociedade e no poder (Bonavides relaciona-os somente à democracia direta), o direito à informação e ao pluralismo (compendiando o futuro da cidadania e o porvir da liberdade de todos os povos e, somente assim, tornando legítima e possível a tão temerária globalização política), sendo que esses direitos ainda dependem de reconhecimento na esfera jurídica internacional e constitucional interna.[175]

Todavia, diversas críticas vêm sendo tecidas quanto a essa classificação. A primeira versa sobre o termo "geração", utilizado por Vasak, pois entendem alguns autores ser "dimensão" termo mais apropriado às diferentes fases dos direitos fundamentais em sua história, uma vez que gerações levam a entender a existência de ciclos que iniciam e encerram. E, na verdade, os períodos são contínuos, uns direitos sendo acrescentados aos outros. Conforme observa Ingo Sarlet,[176]

> a teoria dimensional dos direitos fundamentais não aponta tão-somente, para o caráter cumulativo do processo evolutivo e para a natureza complementar de todos os direitos fundamentais, mas afirma, para além disso, sua unidade e indivisibilidade no contexto do direito constitucional interno e, de modo especial, na esfera do moderno "Direito Internacional dos Direitos Humanos.

Outra crítica reiterada se refere à dicotomia criada entre direitos negativos, que seriam caracterizadores daqueles de primeira dimensão, e direitos positivos, os de segunda dimensão. Tal divisão

---

[175] SARLET, 2006, p. 61.

[176] Ibid., p. 55.

considera, em síntese, que os direitos civis e políticos (direitos de liberdade) teriam o *status* negativo, pois implicariam um não agir (omissão) por parte do Estado, enquanto os direitos sociais e econômicos (direitos de igualdade) teriam um *status* positivo, pois a sua implementação necessitaria de um agir (ação) por parte do Estado, mediante o gasto de verbas públicas.

A observação toma vulto, no sentido em que enfraquece bastante a normatividade dos direitos sociais, retirando do Poder Judiciário a oportunidade de efetivar esses direitos. Parece deveras ortodoxo o pensamento que considera os direitos de liberdade, em todos os casos, direitos negativos, e que os direitos sociais e econômicos sempre exigem atuação positiva, traduzida em gastos públicos. Na verdade, o comprometimento com a concretização de qualquer direito fundamental passa pela adoção de um espectro amplo de obrigações públicas e privadas, que se interpenetram e se complementam, e não apenas com um mero agir ou não agir por parte do Estado.

Neste passo, o tema é bem abordado pelos juristas norte-americanos Stephen Holmes e Cass R. Sunstein, os quais perceberam o equívoco da distinção entre direitos negativos e direitos positivos. Na obra *The Cost of Rights: why liberty depends on taxes* (O Custo dos Direitos: por que a liberdade depende de tributos – tradução livre da autora), os autores demonstraram que não há direitos exclusivamente negativos, sendo um erro pensar que os direitos de liberdade não geram custos para o Poder Público. Eles demonstraram que "direitos individuais e de liberdade dependem fundamentalmente de uma intensa ação do Estado, de modo que a proteção de qualquer direito, inclusive os direitos de liberdade, exige a mobilização de recursos financeiros, administrativos, legislativos e judiciais. Sem que o Estado gaste dinheiro, nenhum direito é protegido (*a penniless state cannot protect rights*)".[177]

Um exemplo trazido por Sarlet, a corroborar a crítica, é a área da saúde (artigo 198 da Constituição Federal), considerada esta um direito social, portanto, de segunda dimensão, que teria, na classificação tradicional mencionada, um *status* positivo. No entanto, esse direito não é garantido exclusivamente com obrigações de cunho prestacional, em que o Estado necessita agir e gastar verbas para satisfazê-lo. O direito à saúde tem também facetas negativas como, por exemplo, impedir o Estado de editar normas que possam prejudicar a saúde da população ou, mesmo, evitar a violação direta, pelo Es-

---

[177] HOLMES, Stephen; SUNSTEIN, Cass R. *The cost of rights:* why liberty depends on taxes. New York: W. W. Norton, 1999, p. 14. No original: "individuals rights and freedoms depend on fundamentally on vigorous state action".

tado, da integridade física de um cidadão. Além disso, nem todas as obrigações positivas decorrentes do direito à saúde implicam gastos para o erário.[178]

Outro bom exemplo é o do direito ao meio ambiente (artigo 225 e seus parágrafos da Constituição Federal), o qual também pode ser visualizado em múltiplas dimensões. Em uma dimensão negativa, o Estado fica, por exemplo, proibido de poluir as reservas ambientais. Por sua vez, não basta uma postura inerte, pois o Estado deve propiciar a fiscalização apta a impedir que os particulares promovam a destruição do ambiente, a fim de preservar os recursos naturais para as gerações futuras.

A informação acerca das políticas ambientais (previstas especificamente no artigo 225, § 1º, inciso VI, da Constituição Federal), permitindo, de modo direto, a participação dos cidadãos na tomada de decisões nessa matéria, além dos termos de ajustamento de conduta firmados pelos órgãos legitimados para tanto, nos termos do artigo 5º, § 6º, da Lei nº 7.347/85, denotam a democracia do processo.

O direito de ação, da mesma forma, na visão tradicional, tem cunho individualista, representando a mera faculdade de acionar o Poder Judiciário. Percebido de acordo com a segunda dimensão, o processo deixa de ser mero instrumento de proteção de direitos individuais, passando a ter uma conotação mais social, abrangendo as lides coletivas e exigindo do Estado uma postura mais ativa no sentido de facilitar o acesso à Justiça para interesses não só individuais, mas também para aqueles transindividuais. Ganha o processo uma conotação democrática (quarta dimensão), devendo ser mais direta a participação popular no debate judicial, a fim de pluralizar a discussão, garantindo, assim, uma maior efetividade e legitimidade à decisão, que será enriquecida pelos elementos e pelo acervo de experiências que os participantes do processo poderão externar.

A intenção das críticas, como se pode perceber, é demonstrar que os direitos fundamentais não se constituem de valores imutáveis. Neste ponto, a teoria das dimensões facilita a compreensão do

---

[178] Ingo Sarlet: "o direito à saúde pode ser considerado como constituindo simultaneamente direito de defesa, no sentido de impedir ingerências indevidas por parte do Estado e terceiros na saúde do titular, bem como – e esta a dimensão mais problemática – impondo ao Estado a realização de políticas públicas que busquem a efetivação deste direito para a população, tornando, para além disso, o particular credor de prestações materiais que dizem com a saúde, tais como atendimento médico e hospitalar, fornecimento de medicamentos, realização de exames da mais variada natureza, enfim, toda e qualquer prestação indispensável para a realização concreta deste direito à saúde" (SARLET, Ingo Wolfgang. Algumas considerações em torno do conteúdo, eficácia e efetividade do direito à saúde na Constituição de 1988. *Interesse Público*, n. 12, São Paulo, p. 91-107, 2001, p. 98).

processo evolutivo desses direitos, embora essa evolução demonstrada pela teoria não se aplique a todas os momentos históricos.

Ressalte-se, pois, a mudança de abordagem a ser feita, no sentido de que os direitos fundamentais sejam civis, políticos, sociais, culturais, ambientais, etc., devem ser analisados em todas as dimensões, ou seja: na dimensão individual-liberal (primeira dimensão), na dimensão social (segunda dimensão), na dimensão de solidariedade e fraternidade (terceira dimensão) e na dimensão democrática (quarta dimensão). Cada uma dessas dimensões é capaz de fornecer uma nova forma de conceber um dado direito, adequando-se às novas realidades sociais.

4.1.1. A multifuncionalidade dos direitos fundamentais

Quando a atenção recai sobre a subjetivação dos direitos fundamentais, passam a importar as diversas funções que podem exercer. Aqui não há mais preocupação em afirmar que geralmente convivem, na norma de direito fundamental, as perspectivas objetiva e subjetiva. O que importa deixar claro é que uma mesma norma de direito fundamental – além de poder possuir ambas as perspectivas referidas – pode conter diversas funções. Curial é, portanto, destacar a chamada multifuncionalidade dos direitos fundamentais e a importância de uma classificação que, tomando em conta a sua função, possa evidenciar a relevância do desenvolvimento do tema.

Se entre as mais importantes classificações funcionais estão as de Alexy e Canotilho, é justo dizer que, no Brasil, merece referência a classificação empreendida por Ingo Wolfgang Sarlet. Essas três classificações dividem os direitos fundamentais em dois grandes grupos: os direitos de defesa e os direitos a prestações.

Os direitos fundamentais foram vistos, à época do constitucionalismo de matriz liberal-burguesa, apenas como o direito de o particular impedir a ingerência do Poder Público em sua esfera jurídica, ou seja, como direitos de defesa. Todavia, a evolução dos contornos desses direitos, *paripassu* com a realidade social, difundiu sobremaneira seu âmbito de aplicação.

Robert Alexy, na paradigmática obra *Teoria dos Direitos Fundamentais*,[179] referindo-se ao que chama de Direitos a algo,[180] explica a

---

[179] ALEXY, Robert. *Teoria de los derechos fundamentales.* Centro de Estúdios Políticos e Constitucionales. Madrid, 2001, p. 186.

[180] Na própria obra do autor, ele refere que direitos a algo pode parecer pesado. Acresce que, como alternativa, poderia pensar-se nas expressões *direitos subjetivos* e *pretensão*, mas por direitos subjetivos há que se compreender também liberdades e competências. Por isso entende

divisão destes, classificando-os quanto à atuação (ou não) do Estado. Assim, os direitos à ação negativa do Estado (direitos de defesa) e os direitos a ações positivas deste (seriam os direitos a prestações). Aqueles ainda se subdividem em três grupos: direito a que o Estado não impeça determinadas ações do titular do direito; a que o Estado não afete determinadas propriedades ou situações do titular do direito; a que o Estado não elimine determinadas posições jurídicas do titular do direito. Já os direitos a ações positivas do Estado podem ser classificados em dois grupos: aqueles cujo objeto é uma ação fática e aqueles cujo objeto é uma ação normativa.[181]

A classificação de Sarlet igualmente destaca os direitos à proteção, os direitos à participação na organização e procedimento e os direitos a prestações em sentido estrito, colocando-os como um grupo – o dos direitos a prestações – ao lado dos direitos de defesa, assim como o jusfilósofo germânico. A partir da formulação de Alexy, Sarlet reforça o entendimento de que o indivíduo não tem somente direito de impedir a intromissão (direito a um não-agir do Estado), mas também o direito de exigir ações positivas de proteção desses direitos por parte do Estado. Afinal, o direito de impedir não pode confundir-se com o direito de exigir.

Ademais, Gilmar Ferreira Mendes refere acerca do tema que é verdade consabida, desde que Jellinek desenvolveu a sua *Teoria dos quatro "status"*, que os direitos fundamentais cumprem diferentes funções na ordem jurídica.[182]

Na sua concepção tradicional, os direitos fundamentais "são direitos *de defesa (Abwehrrechte)*", destinados a proteger determinadas posições subjetivas contra a intervenção do Poder Público, seja pelo (a) *não-impedimento da prática de determinado ato, seja pela (b) não-intervenção em situações subjetivas ou pela não-eliminação de posições jurídicas*. Nesta dimensão, os direitos fundamentais contêm disposições definidoras de uma competência negativa do Poder Público (*negative Kompetenzbestimmung*), que fica obrigado, assim, a respeitar o núcleo de liberdade constitucionalmente assegurado. Outras normas consagram "direitos a prestações de índole positiva (*Leistungsrechte*)", que "tanto podem referir-se a prestações fáticas de índole positiva

---

melhor *pretensão*, pois esta como o direito a algo se dirige sempre contra algum outro e, em ambos os casos, o objeto é uma ação ou omissão.

[181] ALEXY, Robert. Op. cit, p. 186 a 196.

[182] JELLINEK, G. *Sistema dei Diritti Pubblici Subiettivi*, trad. ital., Milão, 1912, p. 244.*In* MENDES, Gilmar Ferreira. *Direitos Fundamentais e Controle de Constitucionalidade*. São Paulo: Instituto Brasileiro de Direito Constitucional, 1998, p. 32 a 33.

(*faktische positive Handlungen*)", "quanto a prestações normativas de índole positiva (*normative Handlungen*)".

Arrematando, Mendes ressalva que a visão dos direitos fundamentais enquanto direitos de defesa (*Abwehrrecht*) revela-se insuficiente para assegurar a pretensão de eficácia que dimana do texto constitucional. Tal como observado por Krebs,[183] não se cuida apenas de ter liberdade em relação ao Estado (*Freiheit vom...*), mas de desfrutar essa liberdade mediante atuação do Estado (*Freiheit durch...*). Segue prelecionando que a moderna dogmática dos direitos fundamentais discute a possibilidade de o Estado vir a ser obrigado a criar os pressupostos fáticos necessários ao exercício efetivo dos direitos constitucionalmente assegurados e sobre a possibilidade de eventual titular do direito dispor de pretensão a prestações por parte do Estado.[184]

Neste diapasão, por conseguinte, imperioso fixar como premissa, que se irá tomar em consideração primordialmente os direitos fundamentais como direitos a prestações do Estado.

4.1.2. O Conceito materialmente aberto e a interpretação dos direitos fundamentais

A emenda IX da Constituição norte-americana serve de paradigma para a ordem constitucional brasileira, como para a portuguesa, no sentido de que, segundo aquela, traduz o entendimento de que para além de um conceito formal de Constituição há um conceito material, pois há direitos que, por seu conteúdo, por sua substância, pertencem ao corpo fundamental da Constituição de um Estado, mesmo não estando no catálogo.

Por isso, ressalta-se que o artigo 5º, apesar de analítico, não tem cunho taxativo, referindo a doutrina seu caráter hermenêutico, bem como reconhecendo a existência de uma "teoria dos direitos fundamentais implícitos ou decorrentes". Na Constituição Federal, portanto, também está incluído o que implícita e indiretamente pode ser deduzido do regime jurídico e dos princípios fundamentais nela instituídos.

Contudo, a partir dessas considerações, é relevante demonstrar a possibilidade de emancipação de uma teoria hermenêutica que, sendo razoavelmente objetiva porque informada por vários segmentos da sociedade, possa legitimar a atividade de interpretação

---

[183] *In* MENDES, Gilmar. Op. cit., p. 42.
[184] MENDES, Gilmar. *Ibidem*.

constitucional em padrões aceitáveis no contexto de um Estado Democrático de Direito. Posteriormente, então, refletir sobre o papel da jurisdição para a proteção e concretização dos direitos fundamentais. A motivação principal para tal empreitada é a convicção de que não se pode afirmar que o Brasil é um Estado Democrático de Direito sem vislumbrar, nesta democracia, o pleno respeito aos direitos fundamentais.

A fim de estabelecer um acordo semântico para seguir em frente, é necessário destacar a opção por uma teoria hermenêutica razoavelmente adequada à máxima concretização dos direitos fundamentais, ou melhor, "por um critério basilar – mas não exclusivo – para a construção de um conceito material"[185] de tais direitos.

Por isso, dentre as teorias apresentadas pela doutrina, aquela que, no sentir da autora, revela-se mais adequada ao propósito deste trabalho é a democrático-funcional, ou seja, aquela, segundo a qual os direitos fundamentais são consagrados enquanto direitos de bem-estar geral. Isso porque está expressamente consagrado no texto constitucional brasileiro de 1988 que o Brasil constitui um Estado Democrático de Direito. Assim, a interpretação de todos os direitos consagrados na Carta Magna deve estar atrelada a tal proposição, havendo a obrigatoriedade de serem considerados os postulados relativos a um Estado Democrático de Direito.

Afinal, os direitos fundamentais só existem para beneficiar o indivíduo enquanto membro de uma comunidade e só podem subsistir se não perderem esta sua função e não degradarem o próprio contexto para o qual ou de dentro do qual se projetam.

Neste diapasão, considera-se tal teoria a mais adequada para um sistema de jurisdição constitucional inserido num contexto democrático, ou melhor, parece que com ela se fundamenta a racionalidade de se reconhecer o direito fundamental como um meio de atingir a segurança do processo democrático, pelo que se torna patente o seu caráter funcional. Segundo Canotilho "esta teoria parte da ideia de cidadão activo, com direitos fundamentais postos ao serviço do princípio democrático".[186]

O processo de interpretação das normas consagradoras de direitos fundamentais deve ser informado por aqueles que vivem no contexto regulado por essas normas e por eles influenciado, de modo que todos, direta ou indiretamente, terão a oportunidade de se converterem em intérpretes da Constituição, fornecendo ao seu

---

[185] SARLET, Ingo. *A eficácia dos direitos fundamentais.* Op. cit, p. 111.

[186] CANOTILHO, J. J. GOMES. *Direito constitucional.* Coimbra: Almedina, 1991, p. 520.

intérprete oficial conteúdos parciais para a formação de sua compreensão total.

A especificidade de uma interpretação constitucional remonta à necessidade (ou não) de serem estabelecidos princípios hermenêuticos adequados à interpretação dos direitos fundamentais. Tal constatação decorre da própria natureza dos direitos fundamentais os quais, porque conformados historicamente, têm âmbito de proteção alargado, dependendo do momento histórico e das circunstâncias sociais em que estejam sendo interpretados.

Com o objetivo de manter o vínculo entre progresso social e crescimento econômico, a garantia dos direitos fundamentais reveste uma importância e um significado especiais, a partir do momento em que assegura aos próprios interessados a possibilidade de reivindicar livremente e em igualdade de oportunidades, ainda que por meio de interlocutores para tanto, uma participação na sociedade em que vivem, para cuja criação têm contribuído, bem como a possibilidade de desenvolver plenamente seu potencial humano.

Segundo o autor alemão Ernst Böckenförde,[187] a vigência dos direitos fundamentais – como direitos diretamente aplicáveis – traz ínsita a ideia de aplicabilidade imediata de tais direitos, de modo que quase todas as Constituições contemporâneas (a Constituição Brasileira expressa no artigo 5º, § 1º) contam com um dispositivo manifesto a este respeito, o que confere à interpretação constitucional dos direitos fundamentais uma importância especial.

Conforme ensina o jurista alemão, a interpretação dos direitos fundamentais, muito mais do que explicar o sentido e o significado desses direitos, deve decifrá-los e, mais do que isso, concretizá-los por meio da atividade interpretativa.

Surge, neste contexto, a discussão sobre a necessidade do estabelecimento prévio de uma teoria dos direitos fundamentais que sirva de parâmetro dogmático à atividade de interpretar tais normas. Entenda-se por teoria dos direitos fundamentais uma concepção sistematicamente orientada acerca do caráter geral, da finalidade normativa e do alcance material de tais direitos.

A lição de Böckenförde é precisa nesse sentido:

> La interpretacion de los derechos fundamentales a partir de una teoria de los derechos fundamentales no es por tanto un ingrediente "ideologico" del respectivo interprete, que seria evitable con un correcto empleo de los medios juridicos de intepretación. Tiene su fundamento en el ya mencionado caracter lapidario y del

---

[187] BÖCKENFÖRDE, Ernst-Wolfgang. *Escritos sobre derechos fundamentales*, Trad. Juan Luis Requejo Pagés e Ignacio Villaverde Menéndez. Baden-Baden: Nomos Verlagsgesellschaft, 1993.

todo fragmentário, desde el punto de vista de la tecnica legal, de los preceptos de derechos fundamentales. En última instancia, tanto una interpretación teleologica del sentido, como una interpretación sistematica de estos preceptos no pueden resultar más que de una determinada teoria de los derechos fundamentales.[188]

Não há como se sustentar uma teoria da neutralidade do intérprete da norma jurídica em geral, e das normas constitucionais consagradoras de direitos fundamentais em particular, mas, por outro lado, é imperiosa a necessidade de racionalização do processo de interpretação de tais preceitos. Com isso, avança-se o raciocínio ressaltando a decisiva exigência de que esteja clara, no processo de interpretação, a opção do intérprete pela teoria dogmática que o inspira.

Inafastável, dessarte, a pré-compreensão no processo de entendimento e de se buscar que o intérprete esclareça, o máximo quanto possível, os fatores que informam o seu universo de pré-concepções, pois, a partir dele, é possível verificar-se a utilização de critérios de verdade ou não-verdade no processo intelectivo.

A interpretação dos direitos fundamentais necessita do esclarecimento e da motivação histórica que a teoria dogmática de tais direitos contém, para que se justifiquem as opções do intérprete, a partir de paradigmas teóricos que devem ser expressamente revelados pela atividade cognitiva. Isso porque, da interpretação dos direitos fundamentais, muitas vezes, resulta o próprio conteúdo de tais direitos, e mais. Por conseguinte, curial que o processo de interpretação seja aberto, transparente. Deve haver a possibilidade daqueles que são legitimados, visto que sofrerão as consequências da compreensão que se fizer da norma – seus destinatários – a participarem do processo, ao menos indiretamente, para que venham a ser consideradas as suas próprias pré-compreensões.

Admitindo-se que a norma é o próprio resultado do processo de sua interpretação, revela-se importante que sejam introduzidos mecanismos de abertura do procedimento de interpretação de tais normas, a fim de que os destinatários de tais normas possam participar ativamente da conformação de tais direitos. É uma visão pluralista que se converte em instrumento de fortalecimento do Estado democrático de Direito.

Em tal contexto, a contribuição de Peter Häberle é de inegável importância:

> Em suma, deve-se indagar como os direitos fundamentais hão de ser interpretados em sentido específico. Em um sentido mais amplo, poder-se-ia introduzir aqui uma

---

[188] BÖCKENFÖRDE, Ernst-Wolfgang. *Escritos sobre derechos fundamentales*, Trad. Juan Luis Requejo Pagés e Ignacio Villaverde Menéndez. Baden-Baden: Nomos Verlagsgesellschaft, 1993, p. 45-46.

interpretação orientada pela realidade da moderna democracia partidária, a doutrina da formação profissional, a adoção de um conceito amplo de liberdade de imprensa ou de sua atividade pública ou da interpretação da chamada liberdade de coalizão, desde que ela considere a concepção de coalizão. A relevância dessa concepção e da correspondente atuação do indivíduo ou de grupos, e também dos órgãos estatais configuram uma excelente e produtiva forma de vinculação da interpretação constitucional em sentido lato ou em sentido estrito. Tal concepção converte-se num elemento objetivo dos direitos fundamentais.[189]

A proposta de hermenêutica deve ser adequada a garantir máxima eficácia aos direitos fundamentais e precisa necessariamente estabelecer um mínimo de participação dos diversos segmentos da sociedade, a fim de que o intérprete possa perceber o elemento objetivo do direito fundamental a ser interpretado.

Aqui deve ser ressaltado que o elemento objetivo dos direitos fundamentais constitui a fusão de diversas concepções sobre o âmbito de proteção desses direitos. E quanto mais amplo for tal âmbito de proteção, mais necessário se faz ouvir a pré-compreensão dos destinatários desses direitos, a fim de que se racionalizem com transparência os argumentos que levarão à própria conformação do direito no meio social.

Imprescindível, pois, que sejam buscadas, na sociedade civil, as influências, as expectativas, as objeções e as concepções comuns para a conformação do âmbito de proteção dos direitos fundamentais, dentro do contexto do momento histórico em que essa sociedade vive.

Ademais, em sede de interpretação constitucional e, principalmente, interpretação de direitos fundamentais, não se pode abrir mão do princípio da máxima eficácia ao texto constitucional, conforme preleciona Ingo Sarlet:

> Desde logo, cumpre rememorar que a nossa Constituição, no âmbito da fundamentalidade formal dos direitos fundamentais, previu, expressamente, em seu art. 5º, parágrafo 1º, que "as normas definidoras dos direitos e garantias fundamentais têm aplicação imediata". Tal formulação, à evidência, traduz uma decisão inequívoca do nosso Constituinte no sentido de outorgar às normas de direitos fundamentais uma normatividade reforçada e, de modo especial, revela que as normas de direitos e garantias fundamentais não mais se encontram na dependência de uma concretização pelo legislador infraconstitucional, para que possam vir a gerar a plenitude de seus efeitos, de tal sorte que permanece atual a expressiva e multicitada frase de Herbert Krüger, no sentido de que hoje não há mais falar em direitos fundamentais na medida da lei, mas sim, em leis na medida dos direitos fundamentais. Em síntese, a despeito

---

[189] HÄBERLE, Peter. Hermenêutica constitucional – A sociedade aberta dos intérpretes da constituição: contribuição para uma interpretação pluralista e "procedimental" da constituição. Trad. Gilmar Ferreira Mendes. Porto Alegre: Sergio Fabris Editor, 1997, p. 16-17.

das interpretações divergentes e que aqui não teremos condições de examinar, sustentamos que a norma contida no art. 5º, parágrafo 1º da nossa Constituição, para além de aplicável a todos os direitos fundamentais (incluindo os direitos sociais), apresenta caráter de norma princípio, de tal sorte que se constitui em uma espécie de mandado de otimização, impondo aos órgãos estatais a tarefa de reconhecerem e imprimirem às normas de direitos e garantias fundamentais a maior eficácia e efetividade possível. Vale dizer, em outras palavras, que das normas definidoras de direitos fundamentais, podem e devem ser extraídos diretamente, mesmo sem uma interposição do legislador, os efeitos jurídicos que lhe são peculiares e que, nesta medida, deverão ser efetivados, já que, do contrário, os direitos fundamentais acabariam por se encontrar na esfera da disponibilidade dos órgãos estatais.[190]

Ainda, no tocante à neutralidade do juiz, aduz Häberle: "a vinculação judicial à lei e a independência pessoal e funcional dos juízes não podem escamotear o fato de que o juiz interpreta a Constituição na esfera pública e na realidade".[191]

As palavras do autor são acertadas quando explica:

(...) seria errôneo reconhecer as influências, as expectativas, as obrigações sociais a que estão submetidos os juízes apenas sob o aspecto e uma ameaça a sua independência. Essas influências contêm também uma parte de legitimação e evitam o livre arbítrio da interpretação judicial.[192]

Lembra Häberle que uma Constituição que estrutura não apenas a máquina estatal em sentido estrito, mas também dispõe sobre a organização da própria sociedade e sobre setores da vida privada, não pode tratar as forças sociais e privadas como meros objetos. A ordem constitucional tem a obrigação de integrar essas forças sociais ativamente enquanto sujeitos do processo de conformação das normas.

O direito fundamental só tem razão de ser se cumprir a sua função de promover o bem da comunidade como um todo, ou pelo menos, de, promovendo individualmente o bem de cada um, acabar por promover o bem de todos. Volta-se, assim, à função promocional do Direito. Afinal, se o direito for conformado à revelia, ou mesmo em sentido contrário ao bem de todos, ele acaba por esvaziar-se em si mesmo.

Por derradeiro, não se pode deixar de mencionar que, em relação aos destinatários das normas desses direitos e garantias funda-

---

[190] SARLET, Ingo. *Algumas considerações em torno do conteúdo, eficácia e efetividade do direito à saúde na Constituição de 1988.* In: http://saudepublica.bvs.br/lildbi/docsonline/6/4/046-Ingo_Sarlet.pdf. Último acesso em 12.07.2006.

[191] HÄBERLE, Peter. *Hermenêutica constitucional:* a sociedade aberta dos intérpretes da constituição: contribuição par uma interpretação pluralista e "procedimental" da constituição. Tradução Gilmar Ferreira Mendes. Porto Alegre: Fabris, 1997, p. 17-18.

[192] Ibid., p. 31.

mentais referentes à sua concretização, especificamente no âmbito do direito privado têm dupla eficácia: as chamadas eficácia vertical e horizontal.

Neste sentido, preleciona Sarlet:

> Poder-se-á falar de uma eficácia de natureza vertical dos direitos fundamentais no âmbito do Direito Privado, sempre que estiver em questão a vinculação das entidades estatais (públicas) aos direitos fundamentais, em última análise, sempre que estivermos falando da vinculação do legislador privado, mas também dos órgãos do Poder Judiciário, no exercício da atividade jurisdicional no que diz com a aplicação das normas do Direito Privado e a solução dos conflitos entre particulares.(...)[193]

Quanto à chamada eficácia horizontal, ou eficácia dos direitos fundamentais nas relações entre particulares, o autor esclarece

> (...) que sob o prisma material, cuida-se da problemática da existência, ou não, de uma vinculação dos sujeitos particulares aos direitos fundamentais, bem como de verificar qual a amplitude e o modo desta vinculação, ao passo que, pelo prisma processual, se estará tratando, em princípio, dos meios processuais para tornar efetivos os direitos fundamentais nas relações interprivadas, assumindo destaque, neste contexto, o problema da possibilidade de o particular, via ação judicial, opor-se diretamente a eventual violação de direitos fundamental seu por parte de outro particular.[194]

Quanto a este enfoque, é possível constatar maior divergência na doutrina pátria e, em que pese discussão ainda incipiente, a tendência dos autores que escrevem sobre o tema, em aceitá-lo como possível.

No entanto, de acordo com as premissas que se pretende adotar neste trabalho, importa mencionar esses aspectos distintos, embora conexos, como ressalta o referido doutrinador,[195] para alertar sobre a sua existência e delimitar, *in casu*, que, para a concretização das funções punitivas/dissuasórias da responsabilidade civil, há que ser observado notadamente o aspecto vertical da eficácia dos direitos fundamentais.

Exatamente porque, consoante se passa a examinar, as novéis funções seriam inseridas no bojo das decisões judiciais ou das manifestações do Ministério Público, como função essencial à Justiça, havendo, portanto, direta vinculação da eficácia desses direitos com órgãos estatais.

---

[193] SARLET, Ingo Wolfgang. *Direitos Fundamentais e Direito Privado: algumas considerações em torno da vinculação dos particulares aos direitos fundamentais.* In: *A Constituição Concretizada: construindo pontes com o público e o privado.* (Org.) Ingo Wolfgang Sarlet. Porto Alegre: Livraria do Advogado, 2000, p. 109.

[194] Ibid., p. 110.

[195] Ibid., p. 109.

Neste sentido, relevante referir mais uma vez a doutrina de Sarlet, por oportuna, ao mencionar que

> (...) "ainda no âmbito destas funções positiva e negativa da eficácia vinculante dos direitos fundamentais, é de destacar-se o dever de os tribunais interpretarem e aplicarem as leis em conformidade com os direitos fundamentais. Assim como o dever de colmatação de eventuais lacunas à luz das normas e direitos fundamentais, o que alcança, inclusive, a Jurisdição cível, na esfera na qual – ainda que numa dimensão diferenciada – também se impõe uma análise da influência exercida pelos direitos fundamentais sobre as normas de direito privado. Neste contexto, constata-se que os direitos fundamentais constituem, ao mesmo tempo, parâmetros materiais e limites para o desenvolvimento Judicial do Direito (...)". Por outro lado, a condição peculiar do Poder Judiciário, na medida em que, sendo simultaneamente vinculado à Constituição (e aos Direitos Fundamentais) e às leis, possui o poder-dever de não aplicar as normas inconstitucionais, revela que eventual conflito entre os princípios da legalidade e da constitucionalidade, isto é, entre a lei e Constituição acaba por resolver-se em favor do último.[196]

4.2. O papel do Poder Judiciário para a aplicação das funções punitivas/dissuasórias da responsabilidade civil e a concretização dos direitos fundamentais

A fim de exemplificar a aplicação do que até aqui foi dito acerca da necessidade de completude das normas, bem como de dar a máxima eficácia aos direitos fundamentais, impõe-se recorrer ao Poder Judiciário, ou melhor, ao magistrado, como intérprete desses direitos, buscando-se examinar a possibilidade de inserção das prestações punitivas/dissuasórias ao sistema jurídico brasileiro e, ainda, superar a questão da lacuna legislativa.

Estando o Direito Constitucional vinculado ao destino das transformações dos homens, é emblemático o ensinamento de Cármen Lúcia Antunes Rocha, para quem a Constituição muda a sua forma, o conteúdo que se adensa no curso dos últimos dois séculos em seu texto e em seu contexto, mas segue sendo — como antes — uma lei, que alicerça e preside o processo de juridicização de um projeto político eleito como realizador da ideia de justiça, prevalente em determinada sociedade estatal e dada, então, à concretização pela organização e dinâmica estatais.[197]

---

[196] SARLET, Ingo Wolfgang. *A eficácia dos direitos fundamentais*. Op. cit., p. 390-91.

[197] ROCHA, Cármen Lúcia Antunes. *O Constitucionalismo Contemporâneo e a instrumentalização para a eficácia dos direitos fundamentais*. Revista Trimestral de Direito Público, vol. 16, 1996, p. 39-58.

Desse modo, segue a autora afirmando sobrelevar-se o papel que desempenha o Poder Judiciário como "guarda da Constituição" para assegurar a eficácia jurídica dos direitos fundamentais, especialmente quando se apresentar quadro de ameaça ou violação dos mesmos.

Por isso, compete a esse Poder o desempenho deste mister, sem o exercício do qual os direitos fundamentais restam como meras abstrações ou são atacados irremediavelmente, e as agressões lesam todo o sistema jurídico, colocando abaixo a própria jurisdição como um direito.

Conclui Antunes Rocha, considerando:[198]

> No exercício dessa competência, ademais, incumbe ao Poder Judiciário fazer-se alerta para interpretar os direitos fundamentais considerando o texto e o contexto constitucional, a sede e a afluência dos direitos sobre os quais se questionam, estender-se tão amplamente quanto seja necessário e possível para que ele realize uma tarefa de Justiça social e não de injustiças menores. Ao Judiciário cabe a tarefa de oferecer respostas concretas e engajadas às questões que lhe são postas em condições históricas definidas e experimentadas,

Vai-se mais longe. Não só a Justiça, mas as próprias funções essenciais à Justiça devem ter como norte de atuação a defesa desses direitos. As garantias instrumentais ou processuais específicas de cada sistema jurídico têm sido reelaboradas para se adensarem no conteúdo de prevenção mais que ao mero restabelecimento ou restauração dos direitos violados, daí a necessidade de concentração de esforços para sedimentar posições institucionais neste sentido.

A constatação decorre da própria natureza dos direitos fundamentais, já que não podem esperar para um deslinde que somente sobrevenha quando o bem atingido ou ameaçado for a vida, a liberdade ou a segurança, por exemplo. A prevenção é o melhor cuidado a se tomar juridicamente quanto ao resguardo dos direitos fundamentais.

Cármen Lúcia lembra que quanto mais eficientes forem os sistemas em dotar os indivíduos e as instituições de instrumentos acautelatórios a fim de que ameaças sejam sustadas ou desfeitas antes mesmo da prática prejudicial aos direitos, tanto melhor atendidos estarão os objetivos dos ordenamentos jurídicos.[199]

---

[198] ROCHA, Cármen Lúcia Antunes. *O Constitucionalismo Contemporâneo e a instrumentalização para a eficácia dos direitos fundamentais.* Revista Trimestral de Direito Público, vol. 16, 1996, p. 39-58.

[199] Ibid.

Nesse sentido, a Constituição da República brasileira aperfeiçoou a qualidade dos instrumentos garantidores daqueles direitos ao estabelecer, no art. 5º, inciso XXXV, que a lei não poderá excluir da apreciação do Poder Judiciário lesão ou ameaça a direitos, conforme referido alhures.

A ameaça passou a compor, na ordem jurídica positiva brasileira, o direito à jurisdição, que somente pode ser considerada eficiente quando, acionado, o Poder Judiciário não permitir a concretização da lesão de cuja ameaça teve notícia e buscou evitar.

Ocorre que, para os lesados, a atuação posterior à prática agressiva já não tem como ser desfeita, mas apenas reparada, o que não é o objetivo das garantias aos direitos fundamentais.

Nesse momento, exsurge como propícia e irremediável a adoção de institutos que se identifiquem com tal finalidade e na qual se inserem com pertinência as prestações punitivas/dissuasórias.

Em tal contexto, é necessário que se faça a intervenção do Poder Judiciário ou das chamadas funções essenciais à Justiça, para que os autores de ilícitos, que denotam especial intenção de lesar direitos alheios com seus comportamentos, possam ser punidos e dissuadidos efetivamente a não reincidirem.

Invocando o Poder Judiciário para decidir, com base na análise do caso concreto, acerca de lesão ou ameaça de lesão a um direito fundamental, inafastável é o uso dos mencionados critérios de hermenêutica desses direitos.

Não pode o operador ficar apegado à necessidade de regulamentação casuísta, ou seja, esperar que estejam previstas todas as situações da vida, pormenorizadas e detalhadas, correndo o risco de gerar a ineficácia das cláusulas gerais introduzidas pela Constituição Federal e pelas leis infraconstitucionais. Inconcebível, pois, fique o Juiz inerte, diante de determinada situação que lhe é apresentada como uma máquina insensível. Sua atividade se desenvolve com o objetivo de pacificar com justiça o conflito de interesses submetido à sua apreciação, sendo ele cada vez mais desafiado a assumir papel ativo e criativo na interpretação da lei e da própria Constituição Federal, adaptando-a, em nome da justiça, aos princípios e valores de seu tempo.

Pertinente, neste sentido, a doutrina de Facchini sobre as funções do Juiz, quando refere estar ao lado das figuras do Juiz-descobridor do direito e do Juiz-aplicador do direito, a do Juiz-resolutor de conflitos.[200] Neste modelo, segue o autor,

---

[200] FACCHINI NETO, Eugênio. *Premissas para uma análise da contribuição do Juiz para a efetivação dos direitos da criança e do adolescente. Apud*: Juizado da Infância e Juventude. Publicado pelo

(...) compete ao Juiz encontrar a solução mais justa (materialmente, e não apenas formalmente) e adequada ao caso concreto, solução essa que deverá ser compatível com o sistema globalmente considerado. Não se trata, nesse modelo, de uma simples aplicação de uma solução formalmente pré-dada. (...) Esse modelo leva a sério a idéia de que a legislação é apenas uma fonte (embora a mais importante) do direito, mas com ele não se identifica. Por outro lado, também absorve a idéia ressaltada pela hermenêutica moderna de que a legislação não contém apenas regras, mas também se expressa através de princípios, cláusula gerais, valores e conceitos indeterminados.(...)[201]

Na mesma esteira de entendimento, sustentando o papel do Juiz-resolutor de conflitos, o doutrinador italiano, Carlo Amirante, assevera:

Il progressivo ampliamento del campo di azione del giudice, soprattutto delle Corti costituzionali, e l'affermazione di modelli di definizione del diritto in via giurisdizionale decisamente creativi di diritto, come interventi diretti a colmare lacune legislative, o techniche di estrapolazione di norme nuove in via interpretativa da applicare alle afttispecie concrete, hano portato alcuni autori ad identificare nel diritto giurisprudenziale una nuova via, un diritto mite, flessibile, mórbido, "soft Law", maggiormente in grado di soddisfare le esigenze, in primo luogo di tutela dei diritti, della collettività, in quanto caratterizzato da pragmaticità, flessibilità e soprattutto rapidità e adeguamento alle esigenze sempre mutevoli e urgenti di regoalizione dei confliti economici e sociali indotti dalla Globalizzazione e dall'integrazione europea.[202]

Neste contexto de expansão de conflitos, os quais nem sempre o legislador consegue acompanhar em vista da célere dinâmica com que ocorrem, recorre-se, no presente trabalho, aos princípios jurídicos como instrumento hermenêutico para a aplicação das prestações punitivas/dissuasórias pelo Poder Judiciário, bem como pelos órgãos que se constituem em função essencial à Justiça, nos termos constitucionais, em especial, pelo Ministério Público.

Até porque, como arremata Perlingieri,

(...) da concepção unitária de ordenamento jurídico decorre que a solução de cada controvérsia não mais pode ser encontrada levando em conta simplesmente o artigo de lei que parece contê-la e resolvê-la, mas, antes, à luz do inteiro ordenamento jurídico, e em particular, de seus princípios fundamentais, considerados como opções que o caracterizam.[203]

Tribunal de Justiça do Estado do Rio Grande do Sul, Corregedoria-Geral da Justiça.n.2 (mar. 2004) Porto Alegre: Departamento de Artes Gráficas do TJRS 2004, p. 12

[201] FACCHINI NETO, 2004, p. 13-15.

[202] AMIRANTE, Carlo. *I diritti umani tra dimensione normative e dimenzione giurisdizionale?* Napoli: Alfredo Guida Editore, 2003, p. 48-49.

[203] PERLINGIERI, Pietro. *Perfis do Direito Civil – Introdução ao Direito Civil Constitucional* (Profili del Diritto Civile), trad. de Maria Cristina de Cicco. Rio de Janeiro: Renovar, 1999, p. 3.

4.2.1. Os princípios jurídicos como instrumentos hermenêuticos para aplicação dos punitive damages pelo Poder Judiciário

Paulo Bonavides[204] bem coloca que os princípios preservam o espírito da Constituição. E, tratando-se de interpretar direitos fundamentais, avultam a sua autoridade e prestígio, na medida em que a natureza sistêmica imanente ao mesmo pode conduzir, entre distintas possibilidades interpretativas, à eleição daquela que realmente, estabelecendo uma determinada concordância fática, elimina contradições e afiança unidade ao sistema.

Ressalte-se que os princípios desempenham a importante função de conferir unidade normativa a todo o sistema jurídico, eis que se impõem como diretivas, tanto para a interpretação de toda e qualquer norma legal quanto para a ação de todos os entes estatais, e por isso, a sua ação é de cunho positivo.

Além do mais, têm uma função negativa, pois servem de limite ao não permitir que se criem limitações excessivas a determinados direitos fundamentais, bem como ao impedir que se criem normas contrárias ao conteúdo neles previsto. Com efeito, considera-se oportuna a afirmação de Celso Bandeira de Mello, ao dizer que a violação de um princípio é muito mais grave do que transgredir uma norma, uma vez que a não-observância de um princípio significa uma ofensa não apenas a um mandamento obrigatório, mas a todo o sistema de comandos.[205]

Sem a pretensão de aprofundamento teórico acerca da diferença entre regras e princípios normativos, o que exigiria um fôlego de dimensão monográfica, tecem-se algumas considerações sobre o tema, de acordo com sua relevância para o presente trabalho.

Ronald Dworkin afirma que a diferença entre princípios e regras é de natureza lógica. Os dois conjuntos de padrões apontam para decisões particulares acerca da obrigação jurídica em circunstâncias específicas, mas distinguem-se quanto à natureza da orientação que oferece. As regras são aplicáveis à maneira do "tudo ou nada". Dados os fatos que uma regra estipula, então, ou a regra é válida, e neste caso a resposta que ela oferece deve ser aceita, ou não é válida, e neste caso em nada contribui para a decisão.[206]

Já Robert Alexy refere que, para a aplicação dos princípios, devem ser analisadas as possibilidades jurídicas e fáticas, mas esses

---

[204] BONAVIDES, 2000, p. 548.

[205] MELLO, Celso Antônio Bandeira. Curso de Direito Administrativo. *Curso de Direito Administrativo*. 12. ed. São Paulo: Malheiros, 2000, p. 747.

[206] DWORKIN, Ronald. *Levando os direitos a sério*. Tradução e notas Nelson Boeira. São Paulo: Martins Fontes, 2002, p. 39.

não são definitivos. Com efeito, regras e princípios têm em comum o caráter de normatividade, sendo que a generalidade da primeira é estabelecida para um número indeterminado de atos ou fatos, ao passo que, a segunda, é geral porque comporta uma série indefinida de aplicações. Em síntese, a regra é aplicada a uma situação jurídica determinada, os princípios, por sua vez, podem abranger uma série de situações jurídicas.[207]

Todavia, alguns autores consideram que a distinção entre princípios e regras não pode ser baseada no critério do "tudo ou nada" de aplicação proposta por Ronald Dworkin, mas deve resumir-se, sobretudo, a dois fatores: diferença quanto à colisão, na medida em que os princípios colidentes apenas têm sua realização normativa limitada reciprocamente, ao contrário das regras, cuja colisão é solucionada com a declaração de invalidade de uma delas ou com a abertura de uma exceção que exclua a antinomia, diferença quanto à obrigação que instituem, já que as regras instituem obrigações absolutas, não superadas por normas contrapostas, enquanto os princípios instituem obrigações *prima facie*, na medida em que essas obrigações podem ser superadas ou derrogadas em função dos outros princípios colidentes.[208]

Humberto Ávila aduz como um comparativo entre Dworkin e Alexy, que para aquele a distinção em comento não consiste em uma distinção de grau, mas numa diferenciação quanto à estrutura lógica baseada em critérios classificatórios, em vez de comparativos, como para este. A distinção proposta por Ronald Dworkin difere das anteriores porque se baseia mais intensamente no modo de aplicação e no relacionamento normativo, estremando as duas espécies normativas.[209]

Quanto à relevância da utilização desses princípios, transcreve-se o ensinamento de José Joaquim Gomes Canotilho, que assim afirma:

> Os princípios interessar-nos-ão, aqui, sobretudo na sua qualidade de verdadeiras normas, qualitativamente distintas das outras categorias de normas, ou seja, das regras jurídicas. As diferenças qualitativas traduzir-se-ão, fundamentalmente, nos seguintes aspectos. Em primeiro lugar, os princípios são normas jurídicas impositivas de uma otimização, compatíveis com vários graus de concretização, consoante os condicionalismos fáticos e jurídicos; as regras são normas que prescrevem imperati-

---

[207] DWORKIN, Ronald. *O império do direito*. Tradução Jefferson Luiz Camargo. São Paulo: Martins Fontes, 2003, p. 20-25.

[208] Ibid., p. 28.

[209] ÁVILA, Humberto. *Teoria dos princípios*: da definição à aplicação dos princípios jurídicos. 4. ed. São Paulo: Malheiros, 2004, p. 28.

vamente uma exigência (impõem, permitem ou proíbem) que é ou não cumprida (...);
a convivência dos princípios é conflitual (...), a convivência de regras é antinômica;
os princípios coexistem, as regras antinômicas excluem-se. Conseqüentemente, os
princípios, ao constituírem exigências de otimização, permitem o balanceamento de
valores e interesses (não obedecem, como as regras, á "lógica do tudo ou nada"),
consoante o seu peso e a ponderação de outros princípios eventualmente conflitan-
tes; as regras não deixam espaço para qualquer outra solução, pois se uma regra
vale (tem validade) deve cumprir-se na exata medida das suas prescrições, nem
mais nem menos. Como se verá mais adiante, em caso de conflito entre princípios,
estes podem ser objeto de ponderação, de harmonização, pois eles contêm "exigências" ou *standards* que, em "primeira linha" (*prima facie*), devem ser realizados;
as regras contêm "fixações normativas" definitivas, sendo insustentável a validade
simultânea de regras contraditórias. Realça-se também que os princípios suscitam
problemas de validade e peso (importância, ponderação, valia); as regras colocam
apenas questões de validade (se elas não são corretas devem ser alteradas).[210]

Juarez Freitas entabula um quadro de distinções entre regras e
princípios, do qual se destacam algumas, ao ver da autora, as fundamentais para a elucidação conceitual. Diz ele que "as regras são
prescrições ou normas estritas, destinadas a propiciar concreção, inclusive quando limitam os princípios; estes são diretrizes normativas axiologicamente superiores – fonte máxima para o intérprete; as
regras ocultam uma antinomia entre princípios, portanto, também
se resolve, bem observadas as coisas, pela hierarquização axiológica; nos princípios toda a antinomia é resolvida pela hierarquização
axiológica (atividade que se identifica com a ponderação); as regras
são múltiplas prescrições que dialeticamente precisam ser encadea-
das na unidade dos princípios; já os princípios formam a unidade da
qual emerge a dialética circular hermenêutica; as regras conferem e
asseguram efetividade ao sistema, enquanto os princípios conferem
e asseguram complexidade ao sistema (...)".[211]

É possível compreender, pois, que haverá, tanto na incidência
das regras como dos princípios um juízo axiológico, o qual bem se
define pela teoria da ponderação,[212] sendo certo que incidirá no processo de interpretação do texto normativo a norma que melhor se
adequar ao suporte fático e às circunstâncias que o perfazem.

---

[210] CANOTILHO, J. J. Gomes. *Direito constitucional e teoria da constituição*. 3 ed. reimp., Coimbra: Almedina, 1998, p. 1087-1088.

[211] FREITAS, 2004, p. 228-229.

[212] Alexy ensina que "a solução entre colisões entre princípios dar-se-á através de uma lei de
colisão, na qual, uma ponderação de interesses opostos, seria capaz de resolver as tensões já
enunciadas. (...)" Estes, os interesses opostos, seriam fundamentais até fixar uma relação de
precedência condicionada. Assim, dar-se-ia o grau de normatividade e decidir qual o princípio teria mais peso naquele caso específico. In: *Teoría de los derechos fundamentales*. Madrid:
Centro de Estudios Constitucionales, 2002, p. 90.

Então, diante do conflito entre normas-princípios, não se deve tentar eliminar alguma delas. A missão do intérprete é buscar uma solução conciliadora, definir a área de atuação de cada um destes "mandamentos de otimização", como chama Alexy. Nesta ordem de ideias, Paulo Bonavides aduz não haver uma única solução para o conflito entre princípios jurídicos. Prevalecerá sempre aquele que, especificamente no caso concreto, tiver maior força. Tal prevalência não implica restrição em abstrato da força impositiva do princípio afastado. Em outras circunstâncias, diante de novos fatores relevantes, o princípio antes afastado está pronto para ser aplicado.

Diante de tais possibilidades, ou seja, do uso dos princípios para preenchimento de lacunas deixadas pelo legislador em relação a fatos da vida que por ele não foram regulamentados, o magistrado poderá formar sua convicção e bem decidir o caso em concreto.

E, neste contexto, visando a solucionar o eventual conflito de princípios que se relacionam aos direitos fundamentais, é que deverá o juiz, quando vislumbrar tal impasse, justificar sua decisão, tendo como norte a proteção daquele com maior relevância *in casu*, já que os princípios são diretrizes normativas axiologicamente superiores (às regras) – fonte máxima para o intérprete, como preleciona Juarez Freitas.

No sistema positivo brasileiro, o direito posto em causa pelo interessado pode ser a busca da reparação ou a compensação de um dano a um direito fundamental individual ou coletivo, quando derivado de um ato ilícito. Para o presente trabalho, fixa-se o olhar para este último, já que a reflexão que se faz acerca da inserção dos *punitive damages* ao Direito brasileiro, seria especificamente, ao menos neste momento, para as demandas referentes a interesses transindividuais, de acordo com as premissas até aqui estabelecidas.

O que ora se propõe é que o Poder Judiciário aplique na sentença, em caso de condenação do agente, e apenas em algumas situações especiais, sobre as quais se discorrerá mais adiante, uma quantia em dinheiro que irá além daquela com a finalidade de reparar e compensar. Ou seja, que sirva para punir o agente e/ou evitar que ele ou qualquer outra pessoa pratique semelhante conduta, utilizando, o Magistrado, na justificativa do *decisum*, a hermenêutica para acrescer à responsabilidade civil as novéis funções.

4.2.2. A inserção das funções punitiva/dissuasória da responsabilidade civil na decisão judicial

Para elucidar melhor a reflexão proposta neste trabalho, colacionam-se dois precedentes jurisprudenciais. O primeiro sobre direito do consumidor, acórdão exarado pelo Tribunal de Justiça do Estado do Rio Grande do Sul. O segundo, originado do Superior Tribunal de Justiça, refere-se ao meio ambiente. Ambos tratados como direitos fundamentais, sendo que esses acórdãos, não só pela matéria que versam, mas principalmente pela linha de fundamentação, possibilitam demonstrar a maneira como as novas funções da responsabilidade civil seriam admitidas e inseridas nas decisões.

Partindo-se, então, do recurso de apelação analisado pelo Tribunal de Justiça do Rio Grande do Sul, tem-se que o autor, o Ministério Público, pleiteou a indenização em sede de ação civil pública, em virtude de determinado posto de gasolina ter vendido à população local gasolina adulterada.

> EMENTA: AÇÃO CIVIL PÚBLICA. MATÉRIA CONSUMERISTA. FORNECIMENTO DE COMBUSTÍVEL ADULTERADO. INTERDIÇÃO DE ESTABELECIMENTO. CONDENAÇÃO EM FAVOR DO FUNDO CRIADO PELO ART. 13 DA LACP. Em sede de apelo, defesa de prova a imputar *error in iudicando* configura, *in casu*, inovação a exigir dilação probatória, tendo-se os fatos imputados no preâmbulo da ação, isto é, prática de adulteração de combustível e respectiva comercialização pelo demandado, tidos como verdadeiros com base na confissão ficta, decorrente da revelia. Também não se beneficia o recorrente, independentemente de não-provado, da alegação de ser mero repassador do combustível, atribuindo a responsabilidade da adulteração a terceiro, porquanto incidente na hipótese a regra do art. 18 do CDC. É o apelante, outrossim, ilegitimado para postular em nome da coletividade eventuais prejuízos que a mesma estaria sofrendo com a diminuição da competitividade no ramo, prevalecendo a interdição e fechamento do estabelecimento, o que se impõe inclusive no confronto entre possíveis interesses individuais e os interesses difusos e coletivos em jogo. Condenação de pagamento de valores correspondentes a prejuízo sofrido pela coletividade difusa a serem arrecadados em favor do Fundo criado pelo art. 13 da LACP reclama, a uma, especificação destes prejuízos, remetendo-se exclusivamente para liquidação sua quantificação, e, segundo, pelo menos indícios de que forma se daria o retorno à comunidade, em vantagens econômicas ou de outra natureza, porquanto o Fundo não é mero arrecadador de receitas. (...).[213]

No decorrer do acórdão, consta no relatório:

> Trata-se de recurso de apelação de X e recurso adesivo interposto pelo Ministério Público, contra sentença que julgou parcialmente procedente a pretensão deduzida pelo recorrente adesivo, nos autos da ação coletiva de consumo, objetivando a proibição de comercialização de gasolina adulterada, com lacre de bombas e tanques, até a realização de nova perícia, e apreensão de documentação fiscal pertinente. Em razões, sustenta o apelante que jamais adulterou combustível e que, se há adulteração, foi praticada pela distribuidora, pois afirma que se limita a adquirir e revender o combustível, sem manipulá-lo de forma alguma. Aduz que a medida de interdição prejudica o sustento da família do apelante e dos funcionários do estabe-

---

[213] RIO GRANDE DO SUL. Tribunal de Justiça. Apelação Cível nº 70011645926. Décima Sétima Câmara Cível. Relator: Elaine Harzheim Macedo. Julgado em: 06 dez. 2005.

lecimento. Pede o provimento do recurso.Contra-arrazoando (fls. 73-80), assevera o Ministério Público que os laudos técnicos comprovam o excesso de álcool etílico anidro combustível, não havendo qualquer prova que afaste as conclusões taxativas dos referidos laudos. Salienta que não pode continuar a funcionar uma empresa que rompe com os mais basilares princípios das relações jurídicas de consumo, não devendo ser levadas em conta questões de ordem pessoal. Salienta que o apelante tem desrespeitado as ordens judiciais, deslacrando as bombas de combustível, vendendo combustível de má qualidade, em flagrante descaso com as autoridades públicas e com o Poder Judiciário. Requer o improvimento do recurso e a manutenção da sentença hostilizada.O Ministério Público recorre adesivamente (fls. 81-89) inferindo que o caso em análise comporta indenização múltipla, pois foram atingidos direitos difusos e direitos homogêneos. Afirma que o suporte fático que dá ensejo à indenização ao fundo de que trata o artigo 13 da LACP é o interesse difuso, pela potencialidade lesiva da prática do ato pelo recorrido, consubstanciada, na presente demanda, no pedido de interdição, pois coíbe a lesão aos direitos de um número indeterminado e indeterminável de pessoas, todos potenciais consumidores de combustível. Conclui destacando ser cabível, no presente caso, tanto a indenização genérica do artigo 95 do CDC e, quanto a indenização para o Fundo de Reparação de Bens Lesados, entabulada no artigo 13 da Lei nº 7.347/85. Pugna pelo provimento do presente recurso.Em contra-minuta (fls. 92-96) afirma o réu que não é admissível a indenização para o Fundo de Reparação de Bens Lesados, pois caso contrário haveria dupla indenização, tendo em vista que o recorrido já foi condenado ao pagamento da indenização genérica aos indivíduos lesados. Diz que o Ministério Público direciona a investigação somente para a condenação e não para a verdade real dos fatos. Pede o desprovimento do recurso adesivo.

Posteriormente, na fundamentação, segue a julgadora:

Porém, já se afirmou no preâmbulo, o cabimento de dupla indenização ressarcitória: a individual, presente o caráter de direitos ou interesses individuais homogêneos, e aquela que terá como destinatário credor, o Fundo de Defesa dos Direitos Difusos criado pelo art. 13 da LACP.(...)" Primeiro, identificar na peça vestibular qual o prejuízo difuso que deveria ser ressarcido, a justificar também esta indenização, até porque o Fundo tem função específica, não se limitando apenas a constituir um banco arrecadador de receitas. E, nesse aspecto, a peça vestibular se mostra franciscana. Limitou-se a argüir o que é condição específica da ação manejada: a presença de direitos e interesses difusos e homogêneos, deixando de deduzir faticamente quais os prejuízos causados à coletividade difusa, aduzindo, no máximo, a condição de clientes potenciais do posto demandado (fl. 12). Mas pretensão indenizatória reclama mais: identificação de fatos específicos, à luz do já citado art. 282, inc. III, igualmente aplicável à petição inicial de uma ação civil pública, o que não veio. Ou seja, é omissa a petição quanto aos fatos caracterizadores do prejuízo, a tanto não se limitando apenas a alegada relevância social e meios de comunicação. Aliás, o próprio autor se viu refém de sua insuficiência postulatória, pois quando do pedido (alínea *e*, fl. 14), requereu a liquidação de sentença para apurar o montante devido. Mas liquidação de sentença objetiva apenas especificar o *quantum debeatur*, não podendo em seu bojo ser argüidos fatos qualificados como causadores do prejuízo, o que pertence ao âmbito do *an debeatur*. Aliás, sequer identificada a forma de liquidar – se por arbitramento ou por artigos, a demonstrar a inépcia, no particular, do pedido.

Por segundo, poderia até se sustentar, em nome da ampla defesa, que basta, *in casu*, a imputação da existência de clientes em potencial para assegurar indenização ao Fundo – o que este órgão fracionário não reconhece. Mesmo que exitosa essa idéia, volta-se à função legal e social do Fundo. Os valores a ele revertidos têm especificamente a destinação de retorno à comunidade (difusa, indefinida, não nominada), atendendo, pois, o caráter ressarcitório que também aqui a pretensão deduzida e a sentença que eventualmente a acolhesse, se revestem. De forma que cumpriria ao Fundo retribuir à comunidade de Santo Augusto e arredores, na mesma medida dos valores arrecadados, o encaminhamento do respectivo retorno, através de vantagens (econômicas ou outras equiparáveis) em favor da comunidade, como única titular que é desse benefício econômico. Pois bem, nesse universo, os autos não apresentam o menor elemento de fato e de prova a formar convicção no sentido de justificar a condenação. Não só a petição inicial, mas o conjunto probatório, como dito, mostra-se omisso.

No caso em apreço, constata-se que a ação de indenização postulava a reparação dos danos patrimoniais dos indivíduos atingidos de alguma forma pelo combustível adulterado (interesses individuais homogêneos), bem como a condenação a um valor a ser destinado para o Fundo de Defesa dos Direitos Difusos (interesses difusos).

Indubitavelmente, estes são parâmetros que merecem relevo em uma decisão de tal natureza, e é o que se sustenta neste feito. Todavia, o que se está a propor é que as finalidades e destinações diversas sejam tratadas como funções autônomas da responsabilidade civil, já assim consideradas especialmente no sistema da *Common Law* e na Itália, país este que adota o sistema jurídico Romano-Germânico, como o Brasil.

Por conseguinte, para adequar-se à reflexão ora sugerida, deveria a Magistrada, ao reconhecer a possibilidade de indenização a um Fundo Público, mencionar de forma expressa a natureza de tal condenação. Neste sentido, como não se trata de uma indenização propriamente, diz-se que seria a fixação dos valores, isto sim, destinada a punir quem agiu de forma a gerar sério prejuízo à sociedade, bem como para evitar que aquele empresário, bem como os demais postos de gasolina da cidade e região praticassem semelhante conduta para lesar interesses dos consumidores de um modo geral.

Tem-se, em primeiro lugar, a defesa do consumidor como direito fundamental previsto no catálogo, ou seja, expressamente no artigo 5º, inciso XXXII, no qual consta que "o Estado promoverá, na forma da lei, a defesa do consumidor". É tão grande a relevância desse direito, que o Constituinte novamente o menciona quando no artigo 170, inciso V, inclui a defesa do consumidor como um princípio geral da atividade econômica. Ressalte-se que já no Ato das Disposições Constitucionais Transitórias da Carta Magna vigente, no artigo 48, o legislador apontava prazo para o Congresso Nacional elaborar o Código de Defesa do Consumidor.

A codificação veio a ocorrer dois anos mais tarde, quando da promulgação da Lei n° 8.078/90. Esta legislação traz previsões de sanções na seara administrativa, civil e criminal para quem infringir as normas de defesa do consumidor, mencionando expressamente a possibilidade de aplicação de uma "pena de multa", no artigo 57. Por esse artigo, a pena será graduada de acordo com a infração, a vantagem auferida e a condição econômica do fornecedor, e será aplicada por procedimento administrativo, revertendo para o Fundo de que trata a Lei 7.347/85, os valores cabíveis à União, ou para os fundos estaduais ou municipais de proteção ao consumidor, nos demais casos.

O raciocínio mais se aproxima, na esfera civil, ao da aplicação daquilo que, no Brasil, conhece-se por multa, quer na sua finalidade sancionatória, quer cominatória, como uma indenização.

Demonstra-se, também, que já existe na esfera infraconstitucional a possibilidade de se entregar valor para destinatários outros que não vítimas diretas de ilícitos e prejuízos, não havendo como se falar em paridade entre o dano e o *quantum* para esse fim.

Tais considerações revelam-se imprescindíveis para se trazerem parâmetros concretos dentro da ordem positiva brasileira, amparando-se em tais previsões a admissibilidade dos novos institutos, objeto do presente trabalho.

Num Estado Democrático de Direito, no qual há milhares de normas a serem observadas e direitos a serem preservados, não se está a defender que o simples fato de alguém ter transgredido uma regra de conduta a todos imposta, ainda que em caso de responsabilidade objetiva causando um dano transindividual, ensejará a função punitiva e, menos ainda, a preventiva. Mas, sim, quando essa transgressão for praticada por dolo ou culpa gravíssima, a fim de causar prejuízo a outrem, de modo a evidenciar a insuficiência, nesses casos, de somente restituir ou compensar a vítima afetada por tal comportamento, pois, toda a sociedade foi lesada, desrespeitada, atingida, concreta ou potencialmente.

Aí está o enfoque: a análise para a aplicação das prestações punitivas e dissuasórias deve ser de um dano que atinja toda a coletividade, dada a gravidade da conduta do lesante, bem como a extensão do prejuízo. Não há, portanto, a falar em indenização pura e simples, já que não é possível medir de forma exata as dimensões no caso de prejuízos extrapatrimoniais.

Assim, à Magistrada incumbiria, ao julgar procedente a demanda coletiva, condenar a parte ré (responsável pela empresa vendedora de combustível) a pagar um valor extra a ser destinado a determinado fundo de natureza coletiva, visando a punir o autor do ilícito pela conduta altamente reprovável, bem como justificando a condenação deste *plus* de condenação como forma de evitar que fatos como aquele fossem novamente praticados por ele ou por outros comerciantes e/ou fornecedores de combustíveis.

Os eventuais danos individuais depois demonstrados deveriam ser primeiramente liquidados e, então, cobrados pelas vias ordinárias.

Já os danos coletivos presumíveis e concretos deveriam ter uma fixação diversa, como se sustenta nesse feito, por arbitramento da Magistrada, com base nos parâmetros que mais adiante serão expostos.

Aliás, impõe-se ressaltar que este é um caminho que vem sendo trilhado de forma incipiente, estando ainda sem denominação e definição jurídica próprias no Brasil pelos Tribunais Superiores, cujos Ministros, porém, já reconhecem e mencionam de forma expressa, em suas decisões, a existência da teoria dos danos coletivos.

Por isso, também, o segundo precedente eleito, refere-se à responsabilidade civil em matéria ambiental, já que os danos a esse bem jurídico, ainda que por vezes possam parecer individuais, em alguma escala sempre afetarão a coletividade, tendo em vista o equilíbrio ecológico que é atingido por qualquer lesão, por menor que seja, a um elemento do ecossistema.

Assim decidiu recentemente o Colendo Superior Tribunal de Justiça, quando do julgamento Recurso Especial nº 598.281,[214] oriundo de Minas Gerais, no qual o Ministério Público do Estado de Minas Gerais ajuizou ação civil pública, ante o Município de Uberlândia e determinada Empresa, buscando a imediata suspensão das atividades relativas a loteamentos imobiliários, já que nos laudos técnicos realizados pelo IBAMA e por professores da Universidade Federal de Uberlândia foi revelada a responsabilidade inequívoca dos réus pela degradação ambiental, decorrente da construção e ocupação da área pelos loteamentos.

---

[214] BRASIL. Superior Tribunal de Justiça. REsp 598281 / MG; RECURSO ESPECIAL. 1ª Turma. Relator: Ministro Luiz Fux. Relator para acórdão Ministro Teori Albino Zavascki. *DJ* 01 jun. 2006, p. 147. Disponível em: <http://www.stj.gov.br>. Acesso em: 12 out. 2006.

O juiz singular entendeu pela procedência da ação, condenando os demandados à obrigação de fazer, adotando medidas mitigadoras em relação à erosão do solo, à destruição de matas e nascentes de água, bem como à impossibilidade de que os novos moradores do local fizessem uso desses elementos, de forma a contribuir para a degradação ambiental. Condenou, ainda, pelo dano moral, pelo descaso e ilicitude da conduta dos réus para com o meio ambiente de Uberlândia.

O Tribunal de Justiça daquele Estado, em contrapartida, deu provimento ao apelo dos réus para afastar a condenação pelos danos morais, sob o argumento de que estes se referem a sentimentos pessoais, não havendo qualquer previsão de que a coletividade possa ser sujeito passivo de dano moral.

O Ministério Público interpôs o Recurso Especial, que ora se transcreve em parte, para ver reconhecida a condenação pelo dano moral coletivo, tendo sido dado provimento à ação:

> *Ex positis*, dou provimento ao Recurso Especial interposto pelo Ministério Público do Estado de Minas Gerais para condenar os recorridos ao pagamento de dano moral, decorrente da ilicitude da conduta dos réus para com o Meio Ambiente, nos termos em que fixado na sentença (fls. 381/382). É como voto.

Contudo, nesta decisão, o que mais chama a atenção e se coaduna com a ideia do presente trabalho, é a consideração da existência de um dano coletivo que merece tratamento diferenciado em relação ao individual, sendo exatamente esse o fundamento que levou o Ministro a entender pelo reconhecimento de um dano extrapatrimonial de natureza transindividual, invocando a abordagem constitucional e jurídica que o tema reclama, para a admissão das novas funções da Responsabilidade Civil.

A decisão bem destaca, como em outras antes mencionadas, as funções de punir e prevenir embora as relacione estritamente aos danos morais. Contudo, merece relevo a fundamentação pela maneira completa como é colocada:

> No suposto da lesão a bens coletivos, e o meio ambiente, o dano moral admite uma função ressarcitória e punitiva. O criticável na tese punitiva dentro desta matéria foi que pretendia ser excludente com relação a uma finalidade reparatória, e restritiva, ao permitir somente alguns casos específicos de ressarcimento. Consolidada a tese ressarcitória, revaloriza-se progressivamente a possibilidade de utilizar a indenização como pena, recorrendo-se à tese anglo-saxônica do dano punitivo. "Na reparação dos danos morais, o dinheiro não desempenha a função de equivalência, como em regra, nos danos materiais, porém, concomitantemente, a função satisfatória é a pena". O que nos interessa pôr em relevo é que essa teoria aponta, basicamente, para a destruição da razão econômica, que permitiu que o dano se ocasionara. Era

> mais rentável deixar que o prejuízo se realizasse que preveni-lo; o dano punitivo arruína este negócio e permite a prevenção. Na concepção punitiva, não se reclama dinheiro como preço nem como reparação, mas como satisfação exigida do culpado, a *vindicta*, a pena. O dano moral é uma sanção por algo imoral. (...) Consectariamente, o reconhecimento do dano moral ambiental não está umbilicalmente ligado à repercussão física no meio ambiente, mas, ao revés, relacionado à transgressão do sentimento coletivo, consubstanciado no sofrimento da comunidade, ou do grupo social, diante de determinada lesão ambiental.

Perceptível, pois, neste caso, a consideração dos fatores punição/prevenção como fundamento de condenar os demandados a pagarem um valor além daquele necessário para reparar tão-somente o prejuízo patrimonial. Contudo, caso invocadas as funções como o são nos Estados Unidos pelos *punitive damages* ou na Itália com *le pene private*, não seria como uma subespécie do dano moral e, *in casu* não seria necessário enfrentar as questões atinentes a esse instituto, que terminou por ser o motivo do recurso especial à Corte Superior.

Poderia já o Tribunal de Justiça de Minas Gerais entender, então, não caracterizados os pressupostos do dano moral como um sofrimento, dor, enfim um sentimento gravemente ferido pela coletividade, mas poderia ter condenado os réus a pagarem um valor a ser destinado para um órgão público, ou de interesse público, com a finalidade de punir os autores dos danos ambientais, já que extremamente censurável a conduta de não observância das normas para a proteção do ambiente enquanto faziam o empreendimento. E, ainda, para que os demais municípios e profissionais da iniciativa privada não apresentassem igual comportamento, sob pena de receberem a mesma reprimenda e, especialmente, para reafirmar o compromisso de todos quanto a manter um ambiente equilibrado para esta e as próximas gerações, respeitando, dessa forma, bem jurídico que, além de coletivo, é considerado um direito fundamental no Estado brasileiro.

Por outro lado, com a visão de uma "responsabilidade civil coletiva" como se propõe, supera-se ainda a máxima insculpida no artigo 944 do Código Civil, segundo o qual a indenização se mede pela extensão do dano, já que a referência para a condenação com finalidade de punir se dá mais pelo comportamento e pela ofensa a um bem coletivo do que pela lesão ou dano propriamente ditos, apesar de a extensão deste poder servir para fixação do *quantum*. E mais: ao encontro desta, a função preventiva toma vulto, já que o espírito que move teleologicamente a punição para além da mera *vindicta* é exatamente instigar a mudança de comportamento da sociedade, numa visão econômico-social do Direito, em especial no que concerne à preocupação com um desenvolvimento sustentável.

Neste sentido, retorna-se ao Direito Comparado, mais precisamente ao Direito Italiano, pois pertencente à família romano-germânica, a fim de lembrar que naquele a tutela do meio ambiente e o reconhecimento de danos coletivos não são novidades. Paolo Galo, doutrinador muitas vezes citado neste trabalho, lembra que, em questões como as do meio ambiente podem verificar-se situações de extrema difusão do dano, com consequente desequilíbrio entre o custo social complessivo e o dano. Acresce que, nesses casos, a mera imposição de ressarcimento de prejuízos poderia não ser suficiente para desenvolver uma função de desestímulo porque não permitiria internalizar o integral custo social resultado da poluição.[215] Posteriormente a diversas discussões jurídicas, a Corte Constitucional decidiu que a responsabilidade civil pode ter não só uma função ressarcitória, mas também preventiva e sancionatória.[216]

Na sociedade capitalista em que se vive, na qual o tempo evolui a passos largos, e as máquinas cada vez mais tomam conta das atividades que outrora o homem desempenhava, o risco faz parte dos negócios, do comércio, da evolução, sendo que os estabelecimentos que se propuserem a produzir bens de consumo ou serviços, seja qual for sua natureza, terão de tomar todas as cautelas para evitar situações que venham contra o ser humano e não a seu favor.

É neste sentido que está na ordem do dia a necessidade de as indústrias e o comércio internalizarem os custos para evitar eventual lesão à pessoa, ainda que para isso seja diminuída a margem de lucro dos empreendedores, antes que os homens sejam devorados literalmente por um "capitalismo selvagem".

Por tais razões, pertinente seria, *in casu*, a condenação da empresa ré ao pagamento de prestação pecuniária além dos valores concernentes à colocação da vítima no *status quo*. Esse valor seria exatamente para punir a empresa e seus gestores, como também para dissuadir esta e todas as empresas do ramo, da prática de conduta semelhante. Caso medidas assim não sejam adotadas, a contrário senso do que até agora foi dito, as pessoas jurídicas poderão continuar a entender que não se faz necessário gastar tanto com a segurança dos produtos e serviços, porque episódios como este são raros, valendo a pena arriscar, economizando nas medidas para tal desiderato, aumentando, consequentemente a margem de lucro.

---

[215] GALLO, 1996, p. 158.

[216] Ibid., p. 160.

No caso julgado pelo Superior Tribunal de Justiça, alguns aspectos deveriam ser considerados, então, antes de serem fixadas as prestações com finalidade de punir e dissuadir, para que fossem compatíveis com o raciocínio feito neste trabalho desde o início.

A primeira é que o meio ambiente é um direito fundamental, em virtude de seu conteúdo, já que não se encontra insculpido expressamente no catálogo, mas aceito amplamente pela doutrina como tal,[217] caracterizando-se, conforme a classificação antes mencionada como direito materialmente fundamental, estando previsto nos artigos 225 e seguintes da Constituição Federal.

Em nível infraconstitucional tem-se a proteção do meio ambiente na Lei n° 6.938/81, cujo artigo 14, § 1°, admite a responsabilidade civil em matéria ambiental, independentemente da existência de culpa. A Lei n° 7.347/85, instituidora da Ação Civil Pública, estabeleceu a forma de serem responsabilizadas as pessoas físicas ou jurídicas, públicas ou privadas, por danos morais ou patrimoniais ao meio ambiente. Então, há toda uma proteção normativa a este bem jurídico que denota a sua relevância para a ordem interna.

Outro aspecto, diferentemente do que ocorre em alguns processos que adotam as prestações em comento, como na *Common Law*, o valor com tais finalidades será destinado a fundos (instituições governamentais ou não), como mencionado no precedente anterior, quando o artigo 13 da Lei da Ação Civil Pública aborda expressamente esta possibilidade.

Acerca da inserção do instituto no sistema jurídico-constitucional brasileiro, toma-se por premissa que o Magistrado, portanto, quando da aplicação das prestações pretendidas no precedente em apreço, deverá motivar seu *decisum*, com base nos dados do caso em concreto, ou seja, na transgressão de normas atinentes à proteção do meio ambiente, demonstrando que era possível terem os réus internalizado o valor do custo para que as providências de proteção ao ambiente fossem tomadas, de forma a prevenir seu desgaste, em vez de vender loteamento imobiliário para obter o maior lucro, com a máxima pressa possível, totalmente indiferentes, com interesses sociais mais amplos.

---

[217] Em obra recentemente lançada sobre o tema, o autor traz que as normas do artigo 225, §1°, da Constituição Federal, fixando objetivos estatais para a realização do direito ao ambiente juridicamente vinculantes ao legislador, em primeiro lugar, para o Executivo e o Judiciário. Dessa integração da dimensão objetiva com a dimensão subjetiva é que o direito fundamental ao ambiente tem a sua conformação jurídico-constitucional completa, conforme dispõem as normas do artigo 225 da Constituição. (GAVIÃO FILHO, Anízio Pirez. *Direito fundamental ao ambiente*. Porto Alegre: Livraria do Advogado, 2005, p. 39).

Ademais, imperiosa a fixação de uma quantia além da eventual reparação de danos também para evitar que o empreendedor prefira pagar para continuar prejudicando o meio ambiente e angariando seu lucro, bem como para evitar que outros repitam tal conduta indesejada.

Arrematando-se, deve ser recapitulado, então, que a fixação das prestações punitivas e dissuasórias de ofício ou mediante provocação é poder inerente à Magistratura, no uso de todos os meios jurídicos necessários para fazer valer aqueles direitos mais importantes na sociedade, trazidos pela Constituição Federal e ordem infraconstitucional. Para isso, a interpretação ao direito fundamental posto em causa, buscando observar a máxima eficácia que a hermenêutica possa lhe dar, considerando-se o paradigma do coletivo em detrimento do individual, serão os motivos da decisão judicial. Por derradeiro, importa lembrar que o destino dos valores será um fundo também de interesse transindividual, com fiscalização, cujo objetivo seja reverter o valor arrecadado dos lesantes em prol de projetos, providências, enfim, para a área de proteção do bem violado.

Para reconhecer as novas e autônomas funções da responsabilidade civil, ao lado da reparatória e compensatória, o Magistrado deverá fazê-lo embasado na relevância do bem jurídico que se pretende proteger e na gravidade da conduta do transgressor, visando a uma finalidade pedagógica. Além, é claro, de considerar tais fatores dentro do contexto histórico-social em que se vive.

Na mesma esteira de raciocínio do estudo comparatista, há que se levar em consideração as diferentes realidades socioeconômicas dentro do Brasil, bem como deste em relação aos demais países que adotam os *punitive damages* ou *le pene private*, sendo imprescindível a consideração de alguns vetores para a fixação da quantia pecuniária, bem como o alcance dos objetivos pretendidos.

4.3. Da fixação do *quantum* referente às prestações punitivas/dissuasórias

Superada a discussão sobre o tema específico da natureza e possibilidade de aplicação dos *punitive damages* ao sistema jurídico brasileiro, necessária é a abordagem teórica e prática para os aspectos informadores da valoração das prestações punitivas e dissuasórias.

Nos Estados Unidos, a análise do cabimento e a quantificação das prestações, conforme referido anteriormente, são tarefas atribuídas aos júris populares, na maior parte dos Estados, formados por cidadãos, geralmente leigos em ciências jurídicas, sem domínio da técnica legislativa e jurídica, e, portanto, capazes de expressar apenas juízo de valor empírico, sem fundamento científico, sobre as normas.

Naquele país, a cultura do seguro e do resseguro é bem arraigada, de modo que em grande parte dos casos de aplicação das "prestações punitivas" de pequeno ou vultoso valor, o peso da condenação, na prática e em última instância, recai sobre as corporações seguradoras, de modo que o caráter punitivo se desvia em parte, visto que o causador do dano acaba não suportando, em sua totalidade, um efetivo desfalque em suas finanças.

Desta forma, o montante global das condenações a título de *punitive damages* tende a concentrar-se sobre as seguradoras, que, por isso, fomentam a reformulação do sistema jurídico das indenizações civis naquele País (a *tort reform*).

No Brasil, não se encontra desenvolvida da mesma forma tal cultura; as indenizações por danos morais, por exemplo, são efetivamente suportadas pelo próprio causador do dano, de forma que as prestações punitivas e desestimuladoras funcionarão com muito mais eficácia, pulverizando-se entre os agentes causadores dos danos e incidindo diretamente sobre suas finanças.

Tomando-se por base o critério utilizado comumente para o arbitramento, o juiz fica necessariamente submetido ao princípio previsto no artigo 93, IX, da CF e à previsão do artigo 131 do Código de Processo Civil, devendo *fundamentar* e *motivar* os elementos de sua convicção, explicitando o caminho percorrido até chegar ao montante em pecúnia.

A responsabilidade civil não prevê na Carta Magna, além da indenização, o pagamento de valores que exacerbem aqueles referentes à compensação do "dano moral" e reparação do dano patrimonial. Por esta razão, as poucas vozes que se levantaram no Brasil quanto ao reconhecimento do instituto que se propõe, afirmam que a indenização deve corresponder somente ao montante relativo ao dano efetivamente sofrido, e isso, a título unicamente compensatório, eis que encontra limites na Constituição Federal e no artigo 944 do Código Civil.

Tais críticas são aquelas já enfrentadas quanto ao próprio reconhecimento do instituto no País porque já foram analisadas e superadas.

Todavia remanesce a questão suscitada por alguns autores quanto ao prévio estabelecimento das "sanções pecuniárias", a exemplo do que ocorre com as penas criminais. Deve ser lembrado que a multiplicidade e a complexidade das relações estabelecidas no convívio social são tamanhas, que não seria possível enumerar previamente, com taxatividade descritiva, todas as condutas omissivas ou comissivas revestidas de potencial suficiente ao cometimento de ilícito hábil à geração de dano moral, da obrigação de indenizar e ainda punir e/ou dissuadir. Assim porque, verificados a culpa (*lato sensu*), o dano e o nexo de causalidade, a sanção recairá não sobre a pessoa do lesante, mas sobre seu patrimônio.

A admitir-se a exigência de prévia cominação legal, em rol taxativo, da pena aflitiva no âmbito da responsabilidade civil, sem consideração ao preceito geral punitivo implícito nos artigos 186 e 187 do Código Civil Brasileiro, a responsabilidade civil ficaria condicionada à vigência de uma espécie de Código de Ilícitos Civis, no qual se descreveriam, em abstrato e por sistematização articulada, os tipos causadores de danos individuais ou coletivos, o que contrariaria a própria estrutura do Direito Civil brasileiro, além das decorrências desses danos, ou seja, as sanções por tais danos.

Judith Martins-Costa e Mariana Pargendler destacam, neste sentido, que "no sistema brasileiro é amplíssima a possibilidade de satisfazer, indenizar ou compensar os danos extrapatrimoniais (ditos "danos morais"), pois o tema é regulado por meio de uma curiosa combinação de cláusulas gerais, já verificada sob a vigência do Código de 1916, mas, agora, bastante ampliada não apenas em razão da nova regulação civil, mas, por igual, pela conexão intersistemática[218] entre esta e a Constituição Federal que contempla, expressamente, a irrestrita indenizabilidade do dano moral".[219] Vigora, pois, também nesta matéria, o princípio da atipicidade do ilícito, concluem.

Ainda pertinente ao que ora se coloca, é a lição de Caio Mário da Silva Pereira[220] quando se refere à previsão constitucional ampla e genérica no tocante aos danos morais:

---

[218] Conforme defendemos em trabalhos anteriores, o novo Código Civil enseja, em razão da "textura aberta" (HART) de suas regras, a permanente conexão intersistemática com outros *corpora* normativos. (Assim em MARTINS-COSTA, Judith. Culturalismo e experiência no novo Código Civil, *Boletim da Faculdade de Direito de Coimbra*, Coimbra, p. 1-25, 2002. Também em: MARTINS-COSTA, Judith. Os direitos fundamentais e a opção culturalista do Novo Código Civil. In: SARLET, Ingo Wolfgang (Org.). *Constituição, direitos fundamentais e direito privado*. Porto Alegre: Livraria do Advogado, 2003, p. 61-85).

[219] CF, art. 5º, incisos V e X, *in verbis*: V – é assegurado o direito de resposta, proporcional ao agravo, além da indenização por dano material, moral ou à imagem; X – são invioláveis a intimidade, a vida privada, a honra e a imagem das pessoas, assegurado o direito a indenização pelo dano material ou moral decorrente de sua violação.

[220] PEREIRA, 1990, p. 58.

A Constituição Federal de 1988 veio pôr uma pá de cal na resistência à reparação do dano moral. O art. 5º, no X, dispôs: "são invioláveis a intimidade, a vida privada, a honra e a imagem das pessoas, assegurando o direito da indenização pelo dano material ou moral decorrente de sua violação". Destarte, o argumento baseado na ausência de um princípio geral desaparece. E assim, a reparação do dano material integra-se definitivamente em nosso direito moral. É de acrescer que a enumeração é meramente exemplificativa, sendo licito à jurisprudência e à lei ordinária editar outros casos. Com efeito: Aludindo a determinados direitos, a Constituição estabeleceu a mínima. Não se trata, obviamente de *numerus clausus*, ou enumeração taxativa. Esses, mencionados nas alíneas constitucionais, não são os únicos direitos cuja violação sujeita o agente a reparar. Não podem ser reduzidos, por via legislativa, porque inscritos na Constituição. Podem, contudo, ser ampliados pela legislatura ordinária, como podem ainda receber extensão por via de interpretação, que neste tear recebe, na técnica do Direito Norte-Americano, a designação de *construction*. Com as duas disposições contidas na Constituição de 1988 o princípio da reparação do dano moral encontrou o batismo que o inseriu em a canonicidade de nosso direito positivo. Agora, pela palavra mais firme e mais alta da norma constitucional, tornou-se princípio de natureza cogente o que estabelece a reparação por dano moral em o nosso direito. Obrigatório para o legislador e para o juiz (...).

Basta notar que os artigos 186 e 187 do Código Civil, ainda de forma genérica, prescrevem os balizamentos para a aferição da ilicitude dos atos civis. Portanto, no tocante ao caráter punitivo da responsabilidade civil, não há conflito entre o mundo civilista privado e o mundo criminalista público, sendo perfeitamente cabível a imposição de prestação pecuniária aflitiva ao causador dos danos desta natureza, tal como indica o caráter punitivo que lhe é impresso já implicitamente o sistema como um todo e os artigos referidos.

Ao que se tem visto hodiernamente, a norma em abstrato e a reparação/compensação dos danos não constrangem por si só à sua obediência. Há que se impor sanção, como forma de coerção e de desestímulo.

A fim de propiciar a aplicação dos *punitive damages* no Brasil, superando-se críticas como o incentivo à loteria da responsabilidade civil advinda de recebimento de valores milionários pelas vítimas, bem como a falta de previsão legal do instituto, como já se expôs, devem ser, ainda, tecidas algumas considerações com maior atenção.

A jurisprudência não hesita em distinguir entre as várias "espécies" de dano extrapatrimonial, somando-os, para o efeito de apuração do *quantum,* de modo a não apenas admitir a cumulação de danos patrimoniais e extrapatrimoniais quanto a própria cumulação (ainda que implícita) destes na sua diversa tipologia. Além do mais, o Superior Tribunal de Justiça ocupou-se em afastar a barreira imposta pela tarifação do dano moral, tal qual na Lei de Imprensa,[221] mas se estendeu a possibilidade de postular em juízo, indenização por dano moral também às pessoas jurídicas,[222] o que hoje é estabelecido no próprio Código Civil, em seu artigo 52.

Assim, percebe-se que há, no sistema, normas que expressamente permitem certa correlação entre a censurabilidade da conduta do agente e a elevação do montante indenizatório, onde se encontra o espaço para manejar com os *punitive damages.*

Porém, apesar de toda a flexibilidade ensejada pelo sistema de regulação da responsabilidade extrapatrimonial, as novas funções surgem em boa hora, já que sempre quando abordado o tema, a prevenção e punição pela responsabilidade civil acabam por se restringir à "compensação de danos morais" (seu maior ou menor valor e o montante em dinheiro a ser destinada à vítima, diante da inexistência de prejuízo patrimonial).

O que se destaca, então, no âmbito destas reflexões, é o nível de comprometimento estatal em termos de evitar lesão a terceiros por práticas contrárias ao Direito, mormente na seara dos direitos coletivos.

Afinal, mesmo sendo necessário o desenvolvimento econômico numa sociedade de massa e daí as modificações e complexidade dos problemas enfrentados numa realidade cultural dinâmica, não se pode, ainda assim, considerar esses fatores impeditivos a se atingir a proteção a direitos fundamentais. Neste sentido já se manifestou expressamente Judith Martins-Costa, quando no sentir da autora, tratava-se de uma questão de tempo, pois, disse ela:[223]

> (...) parece evidente que a tendência, nos diversos ordenamentos, é agregar às funções compensatória e punitiva (esta última já mais difundida), a função pedagógica, de grande importância nos danos provocados massivamente, seja no âmbito das relações de consumo, no dano ambiental ou nos produzidos pelos meios de comunicação.

Em admitindo-as, destaca-se do ponto de vista prático que, para a concretização dessas finalidades, não existindo critérios objetivos traçados no ordenamento civil-constitucional como balizas para fixar o valor da indenização, e porque é mesmo da essência dessas funções da responsabilidade civil, assim como ocorreu com o dano

---

[221] BRASIL. Superior Tribunal de Justiça. Súmula 281. Disponível em: <http://www.stj.gov.br> *in verbis*: A indenização por dano moral não está sujeita à tarifação prevista na Lei de Imprensa.

[222] BRASIL. Superior Tribunal de Justiça. Súmula 227. Disponível em: <http://www.stj.gov.br> *in verbis*: pessoa jurídica pode sofrer dano moral.

[223] MARTINS-COSTA, 2001, p. 47.

moral no seu surgimento, não possuir medida material ou física correspondente, propõe-se adotar o arbitramento como melhor forma de liquidação do valor das prestações punitivas e dissuasórias.

Desse modo, judicializada a lide (ou feita a proposta para fins de compromisso de ajustamento pelo Ministério Público, como se analisará mais tarde) e, ao cabo da instrução probatória, ocorrendo suficientes elementos para a condenação, desde logo cabe ao juiz, na sentença, proceder ao arbitramento do valor de eventuais indenizações por danos materiais e/ou morais para, depois, fixar o *quantum* referente à prestação punitiva e/ou dissuasória.

Os precedentes jurisprudenciais acerca da fixação da indenização por arbitramento, bem como a doutrina especializada sobre o tema se têm manifestado no sentido de que o juiz deve fazê-lo na própria sentença condenatória.[224] E, para tanto, curial destacar ser prescindível peça a parte na inicial a condenação às referidas prestações, até porque indiferente ao autor da demanda tal resultado, já que não se trata de vingança privada, nem tampouco de "loteria esportiva", ou ainda enriquecimento ilícito, o que se busca com o instituto, como já referido. Incumbe, sim, ao Magistrado, havendo ou não o pedido, mas justificando expressamente a necessidade de se adotar no caso em concreto, através da atividade hermenêutica, com vistas a concretizar direito fundamental e a observância do regime democrático, face às suas peculiaridades, aplicar ou não as prestações punitivas.

Assim, cuida-se, num primeiro momento, de estabelecer os objetivos a serem buscados em caso de condenação, de modo a adequar o julgamento aos comandos principiológicos da responsabilidade civil e suas funções, bem como a atingir efetivamente tais desideratos, quais sejam punir e/ou dissuadir, dependendo do caso posto em análise, na medida propícia para tanto.

Ou seja, o valor a ser fixado pelo juiz deve prestar-se, a um só tempo, ao atendimento dessas duas finalidades da prestação pecuniária ou, eventualmente, a uma ou outra, o que deverá ser destacado na fundamentação da sentença.

Há de ser tomado como premissa, que a prestação pecuniária que vai além da indenização e da compensação, por seu peso nas

---

[224] "(...) o arbitramento da indenização por danos morais pode, sim, ser feito desde logo, mesmo que haja pedido para que o *quantum* seja apurado em liquidação, 'buscando dar solução definitiva ao caso e evitando inconvenientes e retardamento da solução jurisdicional' (BRASIL. Superior Tribunal de Justiça. Resp n° 331.295, SP. Relator: Ministro Sálvio de Figueiredo Teixeira. *DJU* 04 fev. 2002. BRASIL. Superior Tribunal de Justiça. EDcl no EDcl no AgRg no Agravo de Instrumento n° 309.117-SP. Relator: Ministro Ari Pargendler).

finanças do causador do dano, objetiva-se a dissuadi-lo a não perseverar na prática lesiva, de modo que ele, e outros indivíduos cientes da decisão, não mais venham a sujeitar outras vítimas à mesma lesão suportada pelo lesado, tudo com vistas ao objetivo maior. Reitera-se, proteger um direito fundamental e assegurar a efetiva observância do regime democrático.

Ressalte-se que, neste momento, não se busca atribuir à vítima um lenitivo para o dano sofrido, dado que isso cabe ao dano moral, pois, neste caso, o valor reverterá para a vítima do dano, diretamente interessada, por isso, na compensação. No caso das prestações punitivas, contudo, os valores serão destinados, conforme frisado, a instituições públicas ou privadas, desde que existam regularmente de acordo com sua natureza. E, dependendo do direito lesado, ou seja, do meio ambiente, do consumidor, da infância e juventude, ou ainda um às crianças e adolescentes, ao idoso, ao patrimônio público, entre outros, será o destinatário do valor.

Impende reforçar que as prestações com função punitiva e dissuasória podem resultar de ações civis individuais ou coletivas, pois para o desiderato que a responsabilidade civil almeja é indiferente quem figura no pólo ativo da demanda, importando, sim, o direito posto em causa e o seu reflexo na vida da comunidade local, regional, nacional ou até mesmo internacional. Contudo, neste momento, preconiza-se uma reflexão acerca de direitos coletivos ante o novo paradigma, ou seja, de um direito civil que não é indiferente à organização da sociedade e que começa a observar o sujeito sob esta perspectiva, com a denominação de Direito Privado Coletivo que ainda não se encontra sistematizado, mas vem referido pela jurisprudência do Superior Tribunal de Justiça.[225] Afinal, o direito privado sempre se baseou em um sujeito ou em duas subjetividades com interesses comuns ou opostos, refere o Ministro Luiz Fux no acórdão acima transcrito em parte (RE nº 598.281 – MG), o qual conclui que, na situação atual, isso muda, porque o "coletivo" causa regulação jurídica ou pode ser objeto dela. "É preciso uma tutela jurídica diferenciada; trata-se de problemas que demandam instituições e instrumentos próprios".

Neste diapasão e num segundo passo, faz-se a adoção dos critérios norteadores da fixação do valor específico da condenação a título de prestação punitiva e/ou dissuasória, levando-se em conta, dependendo do caso: a) o grau de culpa do autor do dano; b) a gravidade e repercussão (extensão) do dano, e, por fim, c) a situação socioeconômica do(s) responsável(eis) pelo dano.

---

[225] RECURSO ESPECIAL Nº 598.281 – MG, Relator Ministro Luiz Fux.

a) O grau de culpa do autor do dano

No que concerne a este primeiro parâmetro, cabe um parêntese para lembrar, como tratado no ordenamento jurídico brasileiro e referido anteriormente, que o Direito Civil moderno consagra o princípio da culpa como basilar da responsabilidade extracontratual, abrindo, entretanto, espaço para a responsabilidade por risco, criando-se, assim, um sistema misto de responsabilidade. A responsabilidade civil, conforme o seu fundamento, pode ser subjetiva ou objetiva.

Diz-se subjetiva a responsabilidade quando se baseia na culpa do agente e deve ser comprovada para gerar a obrigação indenizatória. A responsabilidade do causador do dano, pois, somente se configura se ele agiu com dolo ou culpa. Trata-se da teoria clássica, também chamada teoria da culpa, ou subjetiva, segundo a qual a prova da culpa *lato sensu* (abrangendo o dolo) ou *stricto sensu*, constitui-se num pressuposto do dano indenizável.

A lei impõe, contudo, em determinadas situações, a obrigação de reparar o dano, independentemente de culpa, a chamada teoria objetiva ou do risco, que prescinde de comprovação da culpa para a ocorrência do dano indenizável. Basta haver o dano e o nexo de causalidade para justificar a responsabilidade civil do agente. Em alguns casos, presume-se a culpa (responsabilidade objetiva imprópria), noutros, a prova da culpa é totalmente prescindível (responsabilidade civil objetiva propriamente dita).

Entretanto, como o Direito Positivo brasileiro não só admitiu a ideia de responsabilidade civil sem culpa, ou seja, a responsabilidade civil objetiva, como evoluiu a passos largos nesse sentido, não se pode aceitar a culpa ou dolo do agente como pressuposto ou como elemento essencial da responsabilidade civil.

Com a evolução do Direito Civil, já não se admite a ultrapassada concepção de que a responsabilidade civil está sempre interligada à culpa. Ao contrário, o que se verifica a cada dia é a predominância de demandas judiciais indenizatórias fundadas em responsabilidade sem culpa, especialmente as chamadas "ações de massa". Superada, portanto, a ideia de que a responsabilidade subjetiva é a regra, e a responsabilidade objetiva a exceção. Especialmente quando o foco é o grau de censura do comportamento transgressor a bens jurídicos de importância transindividual.

O que ora se sustenta é o fato de as prestações pecuniárias poderem ser aplicadas para punir ou prevenir, mesmo quando a responsabilidade civil do agente for objetiva, caso em que os demais parâmetros serão utilizados para a fixação do *quantum,* a exemplo do que ocorre com as indenizações e compensações hoje existentes. Até porque, frise-se, a responsabilidade civil objetiva toma vulto exatamente em razão da evolução tecnológica e da sociedade de risco atual, quando determinadas atividades tornam vulnerável o ser humano, demandando maior cuidado de quem as exerce.

Saliente-se: não se está a referir-se à punição ou prevenção para agregar um valor a mais a ser pago pelo autor do dano, em toda e qualquer hipótese de condenação pelo reconhecimento da responsabilidade civil objetiva. Deverá ela advir de uma conduta na qual, em tese, todos os cuidados esperados e possíveis para o caso em concreto a fim de evitar danos a terceiros, não tenham sido adotados pelo causador, tendo ele agido com real indiferença para com os danos sociais, primando pelos eventuais lucros individuais da sua ação.

Conforme mencionado anteriormente quando da análise comparativa com os *punitive damages* norte-americanos, os tribunais daquele país adotam as prestações punitivas em diversos casos e, especialmente nos de responsabilidade objetiva, quando houver, por exemplo, a colocação no mercado, de produtos perigosos ou defeituosos, pelos produtores que conhecem tais vícios, ou não fazem os testes de segurança, demonstrando, assim, flagrante descaso para com a segurança, saúde ou bem-estar dos consumidores, oportunidade em que perceptível a particular gravidade da conduta do produtor.

Nestes casos, como lembra Rui Stoco, quanto à mensuração da concorrência de culpas,[226] "(...) ainda que, hoje, algumas decisões insistam em acomodar-se na divisão pela metade do valor da indenização, nos casos de concorrência de culpas, outras, em maior quantidade, já se manifestam no sentido de que a condenação deve ser proporcional à gravidade das respectivas condutas ou da participação de cada qual".

b) A gravidade e a repercussão do dano:

O dano, sua natureza e repercussão, é deveras importante, seja ele real e atual, seja ele eventual e futuro. Isso porque, quando o dano já tiver ocorrido, haverá a condenação com a finalidade de punir e dissuadir, ou seja, de procurar evitar novos prejuízos semelhantes. Quando houver probabilidade de ocorrer, ou ainda, visando a evitar sua ocorrência, irá sobressair a função preventiva. Agora, em ambos os casos, há de ser lembrado que um dano patrimonial, ou mesmo

---

[226] STOCO, Rui. *Tratado de responsabilidade civil.* 5. ed. São Paulo: Revista dos Tribunais, 2001.

extrapatrimonial, segundo os padrões médios estabelecidos em uma sociedade de massa, capitalista, em franco desenvolvimento como ocorre no Brasil, merecerá uma análise criteriosa do árbitro a fixar o montante pecuniário e, deverá levar em conta, ainda, as circunstâncias específicas do caso concreto no que tange à economia e às características histórico-sociais da região atingida por este, devendo ser considerada, portanto, a sua repercussão.

Note-se que se preconiza a necessidade de um prejuízo coletivo, ou seja, haja uma dimensão que ultrapasse a esfera da própria vítima do bem jurídico atacado que se quer proteger. Proporção esta que deverá ser vista, de acordo com a extensão territorial e/ou população atingida – pessoas de alguma forma afetadas, em decorrência de uma situação de fato (interesses difusos); por uma relação jurídica base (interesses coletivos *strito senso*); ou ainda por uma origem comum (interesses individuais homogêneos), conforme classificação de Hugo Nigro Mazzilli[227] sobre as várias categorias de interesses transindividuais.

Por isso, se por sua difusão o dano atingir somente o interesse local (da cidade), pensa-se que o valor para punir seu causador e evitar novos danos semelhantes deva ser menor do que aquele a ser fixado em relação a um prejuízo de âmbito regional (várias cidades) ou nacional (vários Estados), ou quiçá, ainda, como nas questões ambientais, há a possibilidade de danos que ultrapassam, e muito, as fronteiras do país.

Por essa razão, não se pode utilizar a racionalidade aplicada para a indenização de prejuízos individuais. Imprescindível lembrar que numa época em que o solidarismo é a tônica, a dimensão do dano pode até mesmo ser inatingível, incalculável, devendo, nesses casos, ser realizada uma avaliação com base na razoabilidade, para além do que é perceptível, a fim de se atingirem as finalidades ora propostas, de punir e prevenir, restando efetivamente protegidos os interesses de toda a coletividade. Daí falar-se em considerar a repercussão do dano.

Nesses dois primeiros parâmetros residem fatores a serem pesados no momento de arbitrar o valor das prestações que, de certa forma, podem denotar mais uma aproximação com institutos do Direito Penal, lembrando o que ocorre no artigo 59 do Código Penal, no qual a "culpabilidade" e as "consequências do crime" também são utilizadas a título de "circunstâncias judiciais" para a fixação da pena-base do condenado por uma prática delitiva. A principal di-

---

[227] MAZZILLI, Hugo Nigro. *A defesa dos interesses difusos em juízo*. 13. ed. São Paulo: Saraiva, 2001, p. 52.

Funções da Responsabilidade Civil
DA REPARAÇÃO À PUNIÇÃO E DISSUASÃO

ferença é que lá existem parâmetros mínimos e máximos de sanção estabelecidos na própria lei, ao passo que, na esfera civil, esses parâmetros não existem, ficando mesmo ao alvedrio do Magistrado.

c) A situação socioeconômica do(s) responsável(eis) pelo dano

Como o instituto em apreço tem repercussões de ordem financeira e econômica, especialmente para o causador do prejuízo, pois, se está laborando na esfera civil-constitucional a fim de evitar exatamente a ocorrência do enriquecimento sem causa ou a loteria das prestações punitivas, é que este vetor se mostra de extrema importância.

Este é mais um diferencial que se está a destacar em relação aos *punitive damages* norte-americanos, ou seja, o limite do valor a ser aplicado a título de prestação pecuniária, em consonância com o aporte financeiro/patrimonial do autor do dano. Ao contrário do que alguns juristas suscitam, a intenção não é cercear o desenvolvimento socioeconômico do país e, menos ainda, levar profissionais da iniciativa pública ou privada à insolvência ou falência. Pelo contrário, é buscar novos ideais através de um instituto consolidado, que é a responsabilidade civil, com o viés da adequação social.

Tendo em vista que os institutos de que dispõe até o momento o Direito Civil não conseguiram coibir nem reduzir a prática de novos ilícitos, o Direito, que deve servir à vida e ter uma utilidade prática, já que feito por homens para homens, deve amoldar-se às novas necessidades, para solver os conflitos oriundos de uma nova ordem social.

Todavia, há de se perquirir a realidade do agente, seja pessoa física ou jurídica, de modo a repercutir o valor a ser pago a título de prestação pecuniária no patrimônio financeiro/econômico do devedor, não para levá-lo à quebra, porém para fazê-lo evitar comportamentos semelhantes, bem como evitar que os demais concorrentes ou co-cidadãos tenham idêntica conduta.

Os critérios que ora são considerados basilares para a quantificação das prestações com a finalidade de punir e/ou desestimular não constituem criação da autora, estando eles previstos, ainda que de maneira esparsa, no sistema jurídico, para os casos de responsabilidade civil patrimonial ou extrapatrimonial. Consoante pretendeu-se demonstrar, busca-se que os fins sejam alcançados, sem que com isso, o comércio, as indústrias, a tecnologia e os profissionais de um modo em geral parem de se desenvolver, lançando-se mão, para tanto, de critérios de equidade, como procura atualmente fazer a Suprema Corte Norte-Americana,[228] com as adequações necessárias à realidade sociocultural brasileira.

Não se desconhece que as contundentes e reiteradas oposições feitas à fixação do montante de compensação por danos morais, quando do seu surgimento, certamente ocorrerão em relação às prestações punitivas e dissuasórias.

Por isso, ao explicitar os critérios utilizados para a fixação deste *quantum*, os juízes deverão fazer expressa referência à finalidade punitiva e/ou preventiva para aplicar o valor, como de resto, ante a previsão do artigo 93, inciso IX, da Constituição Federal, bem assim ante critérios suscitados como componentes da mensuração do valor, em observância, pois, à ordem constitucional e à lei processual.

É a argumentação descrita como fundamento do *decisum* que trará segurança e compreensão à pessoa eventualmente condenada e a todas aquelas que vierem a tomar conhecimento de dita decisão, pois lhes permite visualizar a menção, no corpo da sentença, dos elementos que informaram a convicção do magistrado, sob pena de o instituto restar fadado ao insucesso e à incompreensão .

Dessa forma, não pode uma microempresa, por exemplo, sofrer a condenação para pagar prestação pecuniária com as finalidades de punir e dissuadir, no mesmo montante que uma empresa multinacional.

Uma pessoa física, no mesmo sentido, via de regra possui patrimônio econômico-financeiro menor do que o de uma pessoa jurídica, pelo que esta poderá arcar com o pagamento de montante maior do que aquela. E, igualmente, não pode uma pessoa física que possua pequeno aporte, como alguém que receba salário mínimo, ter condenação a pagamento idêntico ao de quem possui atividade laboral com melhor remuneração.

A comprovação do patrimônio e/ou vencimentos do responsável pelo pagamento deveria dar-se, caso pessoa física, pela Carteira de Trabalho, contrato de trabalho, contracheque, ou outro documento equiparado, desde que idôneo para esse fim, e, até mesmo, por prova testemunhal.

Caso pessoa jurídica, a prova do aporte econômico-financeiro deveria ocorrer através do contrato social de instituição da empresa, por pró-labore, bem como por qualquer instrumento apto para esse fim.

---

[228] Vale lembrar que a Suprema Corte somente na década de 90 estabeleceu parâmetros para delimitar os *punitive damages*, quando do julgamento do caso *BMW of North America v.Gore (1996)* já mencionado, quando o instituto existia há mais de dois séculos no sistema da *Common Law*, foi reconhecido que a condenação de *punitive damages* em patamares irrazoáveis afronta à *Due Process Clause*.

Retomam-se, então, os precedentes antes mencionados, a título de ilustração e se compara a condição econômico-financeira de uma pessoa jurídica da pequena cidade do interior do Rio Grande do Sul, Cidade de Chiapeta, com uma população média de 4.500 habitantes,[229] onde não há dúvida de que muitos moradores do local e região abastecem seus veículos com a gasolina adulterada vendida pelo posto réu na ação civil pública, e outra, ocorrida em Uberlândia, interior de Minas Gerais, local com mais de 500.000 habitantes,[230] onde houve prejuízos para o meio ambiente de toda a população, de certa forma, já que a erosão do solo, as águas dos rios, não pertencem a um único morador da cidade.

Contudo, de pronto, percebe-se tão somente com base no dado populacional, ser a realidade dos dois municípios bem diferente. Ademais, conforme o relato de cada caso, igualmente constata-se que a extensão do prejuízo, o grau de culpa, bem como o potencial financeiro em cada pessoa jurídica é diferente. Mas o semelhante é que, em ambos os casos, houve um dano que ultrapassa a esfera do indivíduo e que abala em grande monta o sentimento ético da coletividade, além de eventuais prejuízos patrimoniais pela natureza do ilícito, ou seja, busca de lucro sem tomar os cuidados necessários para evitar o prejuízo social. Ressalta-se, ainda, que isso poderia ocorrer dessa forma, mesmo em vigor eventual de lei limitadora dos valores das indenizações e de prestações pecuniárias diversas, pois o arbítrio do juiz poderia deslocar-se quantitativamente dentro das faixas limítrofes fixadas pelo legislador.

Alega-se, de outro canto, que assim como o dano moral, tais prestações não têm medida, e que por isso não podem ser quantificadas matematicamente, como tende a ser a redução nominal do valor da indenização, gerando a chamada "loteria da responsabilidade civil", ou, até mesmo, enriquecimento sem causa, para o destinatário do valor, o que já foi dito anteriormente. Retoma-se o tema, agora, somente para lembrar que não haverá um destinatário individual e sim, um órgão, seja ele um fundo público ou privado de natureza pública, como uma ONG, por exemplo, desde que haja efetivos projetos para aplicação do valor em prol da coletividade e, ainda, para a mesma área responsável pela tutela do bem lesado (dano ao meio ambiente deve reverter o valor a um órgão ligado ao meio ambiente; dano ao consumidor, da mesma forma, e assim por diante).

---

[229] Dado obtido no *site* oficial da FAMURS (Federação das Associações dos Municípios do Rio Grande do Sul), <http://www.portalmunicipal.org.br/entidades/famurs/demografia/mu_dem_pop_total.asp?iIdEnt=5523&iIdMun=100143097>. Acesso em: 10 nov. 2006.

[230] Informação obtida junto ao Instituto de Economia da Universidade Federal de Uberlândia/MG, no *site:* <http://www.ie.ufu.br/cepes/tabelas/outros/populacao>. Acesso em: 10 nov. 2006.

Não há mesmo como mensurar tais prestações de forma material, mas apenas imaterial. Tanto que nunca existiu, por parte dos julgadores, a pretensão de mensurar o dano moral em si mesmo, por exemplo, mas apenas a compensação a ele correspondente. Nestes casos, notório mais uma vez que o objetivo punição já era mencionado e utilizado a fim de mensurar o *quantum* de compensação. Todavia lembre-se: o que se almeja neste momento não é reparação nem a compensação da vítima, mas punir o autor do ilícito e evitar a reiteração da conduta. E para funções diferentes são necessários institutos diferentes!

Poder-se-ia sugerir uma espécie de valor tarifado, no sentido de que, havendo dano extrapatrimonial cumulado com o patrimonial, ser fixado em multiplicador constante daquele correspondente ao patrimonial. Esclareça-se: caso constasse definido na jurisprudência que, para os danos referentes ao consumidor, o constante de multiplicação fosse 5, verificado que o prejuízo aos consumidores que usaram a gasolina adulterada foi correspondente, no que concerne a um determinado período de tempo desde quando apurada a prática do ilícito, a R$ 200.000,00 (duzentos mil reais), então, fixar-se-ia em R$ 1.000.000,00 (um milhão de reais) a prestação punitiva.

Contudo, parece mais razoável seja fixada a prestação pecuniária com o intuito de punir e dissuadir, no caso em concreto, pelo julgador, de acordo com a realidade econômica e social de cada lugar, como referido, e com os parâmetros já sugeridos.

Cumpre mencionar, ainda, que a Constituição Federal não impõe qualquer limite ao valor das indenizações, sejam elas por dano moral ou material. Assim, se a Carta Magna garante a indenização por tais danos e não impõe qualquer limite expresso, se o Código Civil não traz qualquer rol de sanções taxativas correspondentes à prática dos mais diversos ilícitos civis, depreende-se plenamente cabível a inserção da condenação a pagamento de prestação outra, que não para indenizar ou compensar.

Trata o texto constitucional apenas da valoração abstrata dos fatos hábeis a ensejar um dano, mas não à extensão deste, e menos ainda dispõe sobre a quantificação da indenização ou sobre critérios para a sua aferição, o que veio a ser regulamentado somente pelo artigo 944 do Código Civil.

Sobre o tema da amplitude e da limitação das indenizações por danos morais, em relação aos quais não há previsão dogmática de limites estreitos, assentou o Superior Tribunal de Justiça, em acórdão relatado pelo Ministro Sálvio de Figueiredo Teixeira:

EMENTA: CIVIL E PROCESSUAL CIVIL. RESPONSABILIDADE CIVIL.IMPRENSA. NOTÍCIA JORNALÍSTICA IMPUTANDO LEVIANA E INVERÍDICA A JUÍZA FEDERAL. FRAUDE DO INSS. PÁLIDA RETRATAÇÃO. RESPONSABILIDADE TARIFADA. INAPLICABILIDADE. NÃO-RECEPÇÃO PELA CONSTITUIÇÃO DE 1988. DANO MORAL. *QUANTUM* INDENIZATÓRIO. CONTROLE PELO SUPERIOR TRIBUNAL DE JUSTIÇA. PRECEDENTE. RECURSO PARCIALMENTE PROVIDO I – A responsabilidade tarifada da Lei de Imprensa não foi recepcionada pela Constituição de 1988.II – O valor da indenização por dano moral sujeita-se ao controle do Superior Tribunal de Justiça, sendo certo que, na fixação da indenização a esse título, recomendável que o arbitramento seja feito com moderação, observando as circunstâncias do caso,aplicáveis a respeito os critérios da Lei 5.250/67.III – Sem embargo da leviandade da notícia jornalística, a atingir a pessoa de uma autoridade digna e respeitada, e não obstante se reconhecer que a condenação, além de reparar o dano, deve também contribuir para desestimular a repetição de atos desse porte, a Turma houve por bem reduzir na espécie o valor arbitrado, inclusive para manter coerência com seus precedentes e em atenção aos parâmetros legais.[231]

Onde o comando infra-constitucional previa limite ao valor indenizatório por danos morais, foi tachado de ineficaz por inconstitucionalidade flagrante, e o mesmo se dará com qualquer lei que venha a ser editada com idêntico objetivo quando detectado um dano àqueles bens jurídicos protegidos constitucionalmente como direitos fundamentais.

Por outro lado, insiste-se que pode ocorrer o reconhecimento da imposição de um valor a título de caráter punitivo ou preventivo, embora não se reconheçam as indenizações por danos materiais ou morais, já que as objetividades jurídicas são diferentes.

Não é demasiado referir que a doutrina traz princípios informadores do ordenamento jurídico, capazes de auxiliar na missão de nortear o arbitramento das prestações punitivas e/ou dissuasórias, os quais podem ser utilizados como fundamentação na aplicação dos critérios antes lançados, que são os princípios da proporcionalidade e da razoabilidade.

4.4. A razoabilidade e a proporcionalidade como critérios hermenêuticos para aplicação das prestações punitivas/ dissuasórias à concretização dos direitos fundamentais

Como princípio jurídico, a proporcionalidade no sentido limitador das atividades estatais teve origem no Tribunal Constitucio-

---

[231] REsp 295175 / RJ ; RECURSO ESPECIAL. Min. Rel. Sálvio de Figueiredo Teixeira. Publicado no DJ 02.04.2001 p. 304.

nal Federal alemão, na segunda metade do século XX. Firmou-se na Jurisprudência Constitucional germânica o entendimento de que o princípio da proporcionalidade constitui importante instrumento no controle da atividade estatal, no que tange à não-interferência no núcleo essencial das posições subjetivas individuais protegidas constitucionalmente (*status negativus*), bem como, na concretização dos direitos fundamentais, os quais vêm passar da declaração constitucional formal à efetiva realização prática (*status positivus*).

O princípio da proporcionalidade não está expressamente consagrado na Lei Fundamental Alemã, todavia sua positividade constitucional decorre, segundo o Tribunal Constitucional Federal Alemão, da própria essência do Estado de Direito e da ideia de Direito.

Nesse sentido, foi precursora a decisão do Tribunal Federal Constitucional Alemão a respeito das farmácias (*Apothekenurteil*), ainda no início de sua judicatura, como parâmetro para verificar a constitucionalidade do grau de intervenção estatal (legislativa) sobre o exercício dos direitos fundamentais, em 1958. Em virtude de uma lei do Estado da Bavária que restringia o número de farmácias em uma certa comunidade, condicionava-se a concessão de licenças para a instalação de novos estabelecimentos dessa natureza somente se estes se revelassem comercialmente viáveis e não causassem danos para os competidores próximos.

Em 1955, o Estado da Bavária negou licença a uma pessoa que tinha recentemente migrado da Alemanha Oriental, onde era farmacêutico licenciado, o qual, sentindo-se lesado entrou com uma reclamação constitucional contra a decisão do governo da Bavária e da lei que a fundamentava, discutindo o limite que a Lei Fundamental Alemã impõe ao legislador na disciplina do direito fundamental à liberdade de escolha da profissão, garantido pelo artigo 12 (I) da Lei Fundamental. A Corte Constitucional, nessa ocasião, decidiu que a função do direito fundamental é a proteção da liberdade individual, e a competência do legislador infraconstitucional para regular o exercício desse direito deve ser exercida na estrita exigência da proteção do interesse público, devendo tais limitações atender a algumas exigências.

No caso, a restrição ao livre exercício do direito de profissão não poderia ser fundamentada por razões de proteção à concorrência ou de eficiência comercial. A interferência no exercício de um direito fundamental deve ser absolutamente necessária para o atingimento de um interesse público de superior importância e deve ser formulada de forma a causar a menor lesão possível ao exercício do direito fundamental assegurado constitucionalmente. O ponto fulcral sobre o qual se debruçou a Corte era se a ausência de restrição ao estabelecimento de novas farmácias poderia causar provável problema quanto ao ordenado fornecimento de medicamentos, que pudesse causar mal à saúde pública, ao que decidiu que não havia esse iminente perigo à saúde pública que justificasse a limitação objetiva de um direito fundamental.

Esta foi uma importante decisão jurisprudencial porque definiu as linhas básicas da concepção do princípio da proporcionalidade, as quais, doutrina e jurisprudência depois aperfeiçoaram. Definiu-se nessa decisão o caráter *prima facie* dos direitos fundamentais, a exigência de adequação para a medida restritiva de direitos fundamentais, assim como a estrita necessidade de tal medida, consubstanciada na máxima da menor limitação possível dos direitos fundamentais, e, por fim, a necessária relação concreta proporcional entre os fins buscados e a medida restritiva, assim como o nível de restrição estabelecido. Estavam, assim, delineados os três aspectos do princípio da proporcionalidade: adequação, necessidade e proporcionalidade em sentido estrito.

O princípio da proporcionalidade constitui meio adequado e apto para a solução dos conflitos, tendo seu relevante papel de concretizador dos direitos fundamentais, fazendo um controle das atividades restritivas a esses direitos e impedindo a violação do texto constitucional, de sorte a vedar a aniquilação de direitos fundamentais sem qualquer reserva de restrição autorizada pela Constituição Federal, protegendo-se, assim, seu núcleo essencial.[232]

Este princípio é, por conseguinte, direito positivo em nosso ordenamento jurídico constitucional, embora não haja ainda sido formulado como uma "norma jurídica global"; flui do espírito que anima, em toda a sua extensão e profundidade, o §2° do artigo 5° que abrange a parte não escrita e não expressa dos direitos e garantias da Constituição, a saber, aqueles direitos e garantias cujos fundamentos decorrem da natureza do regime, da essência impostergável do Estado de Direito e dos princípios que este consagra e que fazem inviolável a unidade da Constituição.

De todas essas definições, destaca-se a de Willis Santiago Guerra Filho, para quem se afigura desnecessário e incorreto procurar

---

[232] Para Gilmar Ferreira Mendes o princípio da proteção do núcleo essencial dos direitos fundamentais destina-se a evitar o esvaziamento do conteúdo do direito fundamental mediante estabelecimento de restrições descabidas, desmesuradas ou desproporcionais. (MENDES, Gilmar Ferreira. *Direitos Fundamentais e Controle de Constitucionalidade*. Celso Bastos Editor – São Paulo: Instituto Brasileiro de Direito Constitucional, 1998, p. 35).

derivar o princípio da proporcionalidade de um ou outro qualquer princípio, como o do Estado de Direito, ou dos direitos fundamentais, para se reconhecer caráter constitucional. Segundo este autor, haveria aí um enfoque distorcido da questão, pois, a opção do legislador constituinte brasileiro, por um Estado Democrático de Direito (art.1°), com objetivos que na prática se conflitam (art.3°), bem como pela consagração de um elenco extenso de direitos fundamentais (art.5°), co-implica a adoção de um princípio regulador dos conflitos na aplicação dos demais, e, ao mesmo tempo, voltado para a proteção daqueles direitos.

Na doutrina, encontra-se a assertiva de que a proibição de excesso é o núcleo do princípio da proporcionalidade, sendo que, para alguns autores, tratados como sinônimos em relação à doutrina majoritária, estes não se confundem. Neste sentido, Humberto Ávila afirma que o postulado da proibição de excesso veda a restrição da eficácia mínima de princípios, mesmo na ausência de um fim externo a ser atingido, ao passo que a proporcionalidade exige uma relação proporcional de um meio relativamente a um fim.[233]

Ainda que se discorde sobre ser um postulado, como defende o mencionado autor, ou um critério para a aplicação dos princípios, já que notadamente está em grau de relevância acima dos demais, servindo, a proporcionalidade, como um verdadeiro método de aplicação dos outros princípios, quando entram em conflito, independentemente da dimensão que assuma, deve haver sempre um juízo de adequação, necessidade e conformidade entre o interesse público que suporta uma determinada medida estatal, limitadora do alcance ou do exercício de um bem juridicamente protegido, e o peso que este bem assume no caso concreto.

Assim, estando diante de um caso em concreto, a proporcionalidade servirá para que, no Direito Público, constatando-se haver uma colisão de princípios, analise-se sempre a adequação, a necessidade e a proporcionalidade em sentido estrito da medida que o Estado pretende tomar para atingir sua finalidade primordial, que é o bem comum.

Quanto aos subprincípios, tem-se que a adequação corresponde ao entendimento – se o meio promove o fim. A necessidade, se entre os meios disponíveis e igualmente adequados para promover o fim, não há outro meio menos restritivo dos direitos fundamentais afetados. Já a proporcionalidade em sentido estrito – as vantagens trazidas pela promoção do fim correspondem às desvantagens pro-

---

[233] ÁVILA, Humberto. Teoria dos Princípios da definição à aplicação dos princípios jurídicos. 4. ed. São Paulo: Malheiros, 2004, p. 116.

vocadas pela adoção do meio? A finalidade pública deve ser tão valorosa que justifique tamanha restrição!

Já o princípio da razoabilidade teve sua origem nos países anglo-saxões, e não na Alemanha, como ocorreu com o princípio da proporcionalidade.

Este princípio tem um desenvolvimento ligado à garantia do devido processo legal, instituto ancestral do Direito anglo-saxão. Luís Roberto Barroso[234] destaca que a matriz do princípio remonta à cláusula *law of the land*, inscrita na *Magna Charta*, de 1215, documento reconhecido por grande parte da doutrina como um dos antecedentes do Constitucionalismo, pois este garantiu os direitos individuais dos nobres detentores de fortuna e propriedades ante os desmedidos privilégios e atitudes do soberano inglês.

Para Barroso, o princípio da razoabilidade é um parâmetro de avaliação dos atos do Poder Público para aferir se eles estão informados pelo valor superior da justiça que é inerente a todo ordenamento jurídico. Segundo ele, razoável é o conforme a razão, o equilibrado, o moderado, o harmônico, o que não seja arbitrário ou caprichoso, o que corresponde ao senso comum e/ou aos valores vigentes em dado momento ou lugar.[235]

Assim, forçoso concluir que o princípio da razoabilidade tem natureza antes subjetiva, acerca do que seria aceitável para uma decisão tomada, seja pelo Poder Público, seja pelo Magistrado ao decidir, buscando uma justificação racional dessa decisão jurídica, cingindo-se a uma análise meio-fim, de forma abstrata. Enquanto a proporcionalidade possui um conteúdo mais abrangente e objetivo, tendo como vigas-mestras os subprincípios da adequação, necessidade e conformidade ou proporcionalidade propriamente dita, bem como servindo de critério de interpretação dos direitos fundamentais, em determinado caso concreto, entre outros aspectos, foge ao âmbito de análise necessário para o presente estudo.[236]

Para alguns autores, vislumbra-se o tratamento dos princípios como sinônimos. Para outros, não se trata de institutos semelhantes.

Contudo, do que se aventou até agora, conclui-se que a proporcionalidade é um princípio e um critério hermenêutico que ajudam

---

[234] BARROSO, Luís Roberto. *Os princípios da razoabilidade e da proporcionalidade*. Disponível em: <http://www.acta-diurna.com.br/biblioteca/doutrina/d19990628007.htm>. Acesso em: 02 jun. 2005.

[235] BARROSO, Luís Roberto. *Interpretação e aplicação da Constituição*. São Paulo: Saraiva, 1996. p .204-207.

[236] Ibid., p. 207.

exatamente a solucionar o conflito (colisão) entre direitos fundamentais, vinculando o juízo, já que é fundamentação, especialmente no âmbito do Direito Público.

Em contrapartida, a razoabilidade é um parâmetro de avaliação dos atos do Poder Público (Administração Pública, Poder Judiciário, Legislativo) para aferir se eles estão informados pelo valor superior da justiça que é inerente a todo ordenamento jurídico, embasados no harmônico, no que não seja arbitrário ou caprichoso, o que corresponde ao senso comum e/ou aos valores vigentes em dado momento ou lugar. Atrela-se, pois, ao princípio da equidade.

Ávila os diferencia aduzindo que "o postulado da proporcionalidade não se identifica com o da razoabilidade: esse exige, por exemplo, a consideração das particularidades individuais dos sujeitos atingidos pelo ato de aplicação concreta do Direito, sem qualquer menção a uma proporção entre meios e fins".[237]

Em assim sendo, avaliando o estudo dos *punitive damages*, bem como o tratamento dos princípios ora analisados, visível, então que, ao se falar em critérios para a fixação de um valor para punir a prática de atos ilícitos, bem como dissaudir de sua prática, e a forma como a própria aplicação ou não do instituto, melhor se adequa ao que a doutrina vem a chamar de princípio da razoabilidade, até porque originário do mesmo sistema do qual se desenvolveram mais profundamente os *punitive damages*, nos quais se busca os parâmetros para disciplinar de modo geral as prestações punitivas e dissuasórias.

Lembre-se que no presente trabalho não se está mais a falar de uma dicotomia público/privado, mas sim da matéria da responsabilidade civil vinculada aos ditames da Constituição Federal. Não se está a propor a melhor interpretação possível para a efetividade dos direitos fundamentais, mas sim aquela que maior eficácia dá a esses direitos. Não se está mais preocupado tão-somente com os danos e interesses individuais, mas, com o papel do Direito também no âmbito coletivo. Como forma de aplicação das novéis funções da responsabilidade civil, preconiza-se, por isso tudo, um atuar atento e bem fundamentado do Poder Judiciário. Propõe-se que este utilize critérios de equidade para saber da conveniência e necessidade de aplicação das prestações punitivas e, finalmente, do limite ao *quantum* arbitrado com esse desiderato, a fim de que a outrora chamada "indústria dos danos morais", não seja substituída pela "indústria das prestações punitivas e pecuniárias".

---

[237] ÁVILA, Humberto. 2004, p. 116.

A questão é bem colocada por Martins-Costa e Pargendler, ao referirem que

> (...) a doutrina dos *punitive damages* exige, como se viu, outros critérios – bem mais rigorosos –, não podendo ser diferente, sob pena de o instituto ser inútil aos próprios fins que persegue. Mesmo na presença de uma base filosófico-cultural eminentemente utilitarista, a doutrina norte-americana considera imprescindível – para alcançar, efetivamente, um resultado socialmente útil com a punição/prevenção – a comprovação de elementos subjetivos (culpa grave, dolo, malícia, fraude, etc.,) a marcarem a conduta do ofensor. Do contrário, a aplicação indiscriminada da indenização punitiva, para além de tornar-se um jogo de azar,[238] acarretaria os fenômenos indesejáveis de hiper-prevenção e supercompensação, não tendo nenhuma eficácia no plano ético-pedagógico se estendida à responsabilidade objetiva.

Nos casos em que há exagero nas condenações do dano moral, por exemplo, tem o Superior Tribunal de Justiça exercido com presteza a revisão dos valores, de modo a adequá-los a parâmetros razoáveis segundo aqueles critérios por eles mesmo estabelecidos previamente.

É preciso confiar, por isso tudo, que os juízes têm, antes de mais nada, o bom senso suficiente e o necessário equilíbrio para o arbitramento das prestações. Afinal, quando o juiz, por exemplo, arbitra os honorários do advogado, nos termos dos artigos 22, §2°, da Lei 8.906/94 ou na forma do artigo 20 do Código de Processo Civil, nada há de errado nem se visualiza arbitrariedade nisso. Portanto, não há por que permanecer a crítica ou dúvida acerca da legitimidade das decisões quando embasadas em critérios de equidade e observado o princípio da razoabilidade.

A fundamentação é o limite necessário e único a uma decisão judicial eficaz para os fins de controle social, desenvolvimento sustentável e, acima de tudo, para a defesa de direitos fundamentais que transcendem os limites individuais. Muda-se o paradigma. Necessários se fazem novos instrumentos para realizarem os direitos concernentes a esse novo paradigma.

4.5. A legitimidade do Ministério Público para aplicação das prestações punitivas e dissuasórias nos Inquéritos Civis

Da mesma forma que ao Magistrado é possível fixar as prestações punitivas em sede de julgamento, dentro de um entendimento

---

[238] Não se determinando, por exemplo, que critérios deveriam existir para justificar a relação entre o dano e o *quantum* da indenização punitiva. apud: MARTINS-COSTA, Judith; PARGENDLER, Mariana. Usos e abusos da função punitiva. *Revista da AJURIS*, Porto Alegre, v. 32, n.100, 2005.

segundo o qual aos direitos fundamentais deve ser dada sempre interpretação às normas que os revestem, sejam regras ou princípios, que maior alcance e eficácia conceda à proteção desses direitos, entende-se possível e adequado ao âmbito de atuação do Ministério Público, conforme estabelecido constitucionalmente no artigo 129, incisos III e IX, a aplicação das prestações punitivas e dissuasórias por seus membros.

É preciso, primeiramente, esclarecer que o Ministério Público no Brasil tem características que lhe permitem fazer enfrentar determinados conflitos e resolvê-los de forma direta, sem a necessidade de intervenção dos Poderes Constituídos. Isso decorre principalmente de sua autonomia, que se fortificou com o passar do tempo, conforme se percebe do tratamento que recebeu nas Constituições Federais ao longo dos anos, desde a sua criação.

A Constituição Imperial de 1824 não faz referência expressa ao Ministério Público. Estabelece que "nos juízos dos crimes, cuja acusação não pertence à Câmara dos Deputados, acusará o procurador da Coroa". Na primeira Constituição republicana de 1891, também nada é dito quanto ao órgão, dispondo somente sobre a escolha do Procurador-Geral da República e sua iniciativa na revisão criminal. A Constituição de 1934 menciona o Ministério Público no capítulo "Dos órgãos de cooperação". Institucionaliza o Ministério Público. Prevê lei federal sobre a organização do Ministério Público da União. Em 1937, a menção existente na Carta Magna diz respeito ao Procurador-Geral da República e ao quinto constitucional. A Constituição Federal de 1946, por sua vez, traz o Ministério Público em título próprio, artigos 125 a 128, sem qualquer vinculação aos Poderes, enquanto a seguinte, de 1967, coloca-o no capítulo destinado ao Poder Judiciário. Já a Emenda constitucional nº 01 de 1969 coloca o Ministério Público junto ao Poder Executivo. Finalmente a Constituição da República Federativa do Brasil de 1988, refere-se ao Ministério Público no capítulo "Das funções essenciais à Justiça".

Atualmente, portanto, a *Lex Mater* define as funções institucionais, as garantias e as vedações de seus membros. Mas, para além de sua atuação na esfera criminal e junto ao Poder Público, foi principalmente na área cível que o Ministério Público adquiriu novas e relevantes funções, destacando-se a sua atuação na tutela dos interesses transindividuais (meio ambiente, consumidor, patrimônio histórico, turístico e paisagístico, pessoa portadora de deficiência, criança e adolescente, comunidades indígenas e minorias ético-sociais). Isso deu evidência à instituição, tornando-a uma espécie de Ouvidoria da sociedade brasileira.

Dentro deste bojo de atribuições inseridas na ordem interna pelo Constituinte de 1988, encontra-se a presidência do inquérito civil, procedimento preparatório à Ação Civil Pública, prevista na Lei nº 7.347/85, conforme artigo 129, inciso III, da Constituição Federal. Por conseguinte, trata-se de importante instrumento para uma efetiva transformação da sociedade, do qual a instituição que defende a ordem jurídica, o regime democrático e os interesses sociais e individuais indisponíveis pode lançar mão para atingir tais objetivos.

A respeito da atuação do Ministério Público em sede de Ação Civil Pública, o artigo 5º, §1º, da lei especial, salienta que, sendo as associações ou qualquer outro ente nela legitimado ativamente o(s) autor(es) da ação, o Ministério Público deverá intervir como fiscal da lei, o que reforça a vinculação definitiva do *Parquet* aos interesses de cunho coletivo *lato sensu*, reveladores notadamente dos direitos de terceira dimensão, tão contemporâneos no Estado brasileiro. Isso porque é por meio da Ação Civil Pública que se busca a responsabilização civil perante as pessoas físicas ou jurídicas que tenham causado danos ao meio ambiente, ao consumidor, aos bens e direitos de valor artístico, estético, histórico, ou ainda à ordem econômica, à ordem urbanística e aos demais interesses difusos e coletivos, previsão esta inserida pela Lei nº 8.078/90, servindo como verdadeira cláusula geral[239] para os novos casos nos quais sua aplicação seja necessária, visando a resguardar o fim último que é o desenvolvimento equilibrado e a ordem social.[240]

---

[239] Esclarecedora é a lição de MARTINS-COSTA, Judith. *Direito Privado como um sistema em construção: as cláusulas gerais no Projeto do Código Civil brasileiro.* Revista de Informação Legislativa, Brasília, ano 35, número 139, jul/set 1998. Disponível em http://www.senado.gov.br, Acesso em 06.05.2006: "considerada, pois, do ponto de vista da técnica legislativa, a cláusula geral constitui uma disposição normativa que utiliza, no seu enunciado, uma linguagem de tessitura intencionalmente 'aberta', 'fluida' ou 'vaga', caracterizando-se pela ampla extensão do seu campo semântico. Esta disposição é dirigida ao juiz de modo a conferir-lhe um mandato (ou competência) para que, à vista dos casos concretos, crie, complemente ou desenvolva normas jurídicas, mediante o reenvio para elementos cuja concretização pode estar fora do sistema; estes elementos, contudo, fundamentarão a decisão, motivo pelo qual não só resta assegurado o controle racional da sentença como, reiterados no tempo fundamentos idênticos, será viabilizada, através do recorte da *ratio decidendi*, a ressistematização destes elementos, originariamente extra-sistemáticos, no interior do ordenamento jurídico".

[240] Acerca de tal previsão, recorda-se que houve veto presidencial quando da elaboração da Lei nº 7.347/85, do então inciso IV, o qual estabelecia "a qualquer outro interesse difuso". Todavia, posteriormente, constatou-se a superação dessa deficiência imposta à lei, como refere MANCUSO, Rodolfo de Camargo. *Ação civil pública.* 7. ed. São Paulo: Revista dos Tribunais, 2001, p. 39, com o acréscimo do inciso IV pela Lei nº 8.078/90, o que, nas palavras de Ada Pelegrini Grinover, significa "aplicar a tutela jurisdicional a outros interesses difusos precisamente caracterizados, de primordial importância na nossa sociedade e cuja ausência de solução, em nível coletivo, cria conflitos de massa que se constituem em grave fator de perturbação social".

À guisa de concretizar a salvaguarda desses interesses configuradores de direitos fundamentais, a legislação especial traz meios concretos, merecendo destaque a previsão do artigo 8º, §1º, que versa sobre o inquérito civil, e ainda disciplina a possibilidade de o *Parquet* requisitar de qualquer organismo público ou particular informações, certidões, exames ou perícias. O inquérito civil, a exemplo do criminal, "é uma investigação administrativa prévia, presidida pelo Ministério Público, que se destina basicamente a colher elementos de convicção para que o próprio órgão ministerial possa identificar se ocorre circunstância que enseje eventual propositura de ação civil pública",[241] define Hugo Nigro Mazzilli.

Merecedora de atenção, igualmente, é a previsão do artigo 5º, §6º, da lei em comento, a qual estabelece a possibilidade de os órgãos públicos legitimados tomarem dos interessados compromisso de ajustamento de sua conduta às exigências legais, mediante cominações, que terão eficácia de título executivo extrajudicial porque, mais especificamente, entende-se que também ao Ministério Público seria viável a utilização das prestações punitivas/dissuasórias.

Esclarece Mazzilli que, antes de eventual propositura da ação civil pública, pode surgir a possibilidade de o causador da lesão a um dos interesses difusos propor-se a reparar o dano ou a evitar que este ocorra ou persista; pode ainda o investigado aceitar fixação de um prazo de implantação das providências necessárias à correção das irregularidades. Essa possibilidade não raro ocorrerá enquanto em curso o inquérito civil.[242]

Por intermédio deste termo de ajustamento de conduta às exigências legais, toma-se o compromisso dos violadores efetivos e potenciais dos direitos transindividuais quanto ao cumprimento das medidas necessárias para reparação integral ou para prevenção dos danos causados aos direitos da coletividade, variando no caso concreto o bem que se quer proteger. Para tanto, admite-se, quando necessário e dentro do estritamente razoável, a flexibilização de prazos e condições para o atendimento da determinação legal, sem qualquer tipo de renúncia ou concessão do direito.

Trata-se, na verdade, de concessão unilateral do causador do dano, que acede em ajustar sua conduta às exigências legais, sem que o órgão público que toma seu compromisso esteja a transigir em qualquer questão ligada ao direito material, o que não poderia fazer, pois em matéria de direitos transindividuais tanto os órgãos

---

[241] MAZZILLI, Hugo Nigro. *O inquérito civil*. 2. ed. São Paulo: Saraiva, 2000, p. 54.

[242] Ibid., p. 359.

públicos como o Estado não são titulares do direito lesado ou prestes a sê-lo, nisto diferenciando-se de uma transação própria do Direito Civil.

Acontece assim porque, como os órgãos legitimados à celebração do compromisso não são os titulares exclusivos dos direitos garantidos e como, em alguns casos, há a eleição de algumas opções políticas sobre como deva ser atendido o direito, o processo de celebração do termo de ajustamento de conduta deve ser o mais participativo possível.

Neste aspecto, lembra-se que se está a defender a interpretação dos direitos fundamentais, com a finalidade de atingir um efetivo Estado Democrático de Direito, opção dogmática que serve de norte neste feito, desde o início. Como decorrência, tem-se que a participação da sociedade civil neste ajuste torna-se necessária para sua legitimação.

Esse documento é norteado, além do princípio democrático, pelos princípios de acesso à justiça, o da prevenção, o da aplicação negociada da norma jurídica. Eles informam a interpretação da norma do ajustamento de conduta e seus desdobramentos práticos.

Em tal contexto, deverá ser destacado que o ajuste não pressupõe deliberações políticas que não estejam previamente estabelecidas em lei, implícita ou explicitamente. Dele participam órgãos cuja legitimação técnica, prevista no ordenamento constitucional, também desempenha um papel importante na concretização de direitos. Mesmo porque, podem estar menos sujeitos aos interesses pessoais e partidários, que comandam mais de perto a atuação dos representantes políticos da Nação.

Por isso, é democrática a possibilidade de conferir a órgãos públicos, de índole técnica, a possibilidade de negociação desses direitos. Bem como a possibilidade de aquelas pessoas interessadas, de alguma forma, participarem da elaboração do compromisso.

Nesse sentido, esclarecedora é a lição de Geisa de Assis Rodrigues,[243] autora da obra *Ação Civil Pública e Termo de Ajustamento de Conduta*, quando escreveu artigo específico acerca da participação da sociedade civil no Termo de Ajustamento de Conduta, ao dizer que a melhor forma de enfrentar os riscos da negociação que tenha como objeto um direito da coletividade, é justamente refletir sobre esse processo de barganha, procurando guiar-se por determinados

---

[243] RODRIGUES, Geisa de Assis. *A participação da sociedade civil no termo de ajustamento de conduta.* Disponível em:<http://www.esmpu.gov.br/publicacoes/meioambiente/pdf/Geisa_de_A.pdf>. Acesso em: 02 nov. 2006.

princípios que possam indicar as situações concretas em que se afigura cabível a negociação, assim como o seu conteúdo adequado.

Além dessa aplicação negociada da norma jurídica, a publicidade, refere ela, é outro princípio que rege dito ajustamento, para garantir o controle de seus termos pela sociedade e permitir que se averigúe se ele não representou nenhum tipo de limitação do direito protegido, bem como para garantir sua eficácia, porque todos da sociedade podem contribuir na fiscalização do cumprimento das cláusulas avençadas.

Não se pode olvidar, ainda, o caráter eminentemente preventivo do Termo de Ajustamento de Conduta, já que seu objetivo é evitar que o dano volte a se repetir ou até mesmo, se for iminente, evitar sua ocorrência.

Ademais, amplia ele o acesso à justiça desse tipo de demanda, ao ensejar uma tutela mais breve, mais econômica e, em muitos casos, mais adequada do que a proporcionada pela via judicial, garantindo-se proteção mais célere, portanto, aos direitos fundamentais quando envolvidos.

Para tanto, utilizam-se cláusulas que devem ser acatadas pelo compromissário, que pode ser pessoa física ou jurídica. Tais condições, como antes referido, podem ter o prazo e o modo de cumprimento variado, de acordo com o caso concreto e com quem toma o ajuste, mas nunca a disponibilidade desses direitos que, via de regra, são direitos fundamentais coletivos e sociais, não pertencentes ao órgão público legitimado para propô-lo.

De outro lado, o termo de ajustamento pressupõe uma cultura jurídica voltada para a persuasão e o convencimento, favorecendo a aplicação negociada da norma jurídica. O Ministério Público, como protagonista da tutela dos direitos coletivos *lato sensu*, assume um importante feixe de atribuições extrajudiciais, dentre elas as concernentes à prática e à fiscalização do cumprimento desse termo de conduta para garantir a observância e o respeito a tais direitos. Não se pode olvidar que a sociedade, em todos os seus níveis, tem dificuldade de se organizar para buscar a realização de seus direitos, sejam eles caracterizados por interesses individuais homogêneos de origem comum, e mais ainda aqueles que são de interesse coletivo *stricto senso*, ou difuso, quando originados e relacionados entre si por uma relação jurídica ou situação fática, respectivamente.

A doutrina refere que, para uma maior efetividade dos compromissos de ajustamento é pertinente colocar multa diária para o caso de descumprimento de obrigação de fazer ou não fazer. Mas não há a obrigatoriedade quanto aos tipos de cláusulas que devem constar no ajuste.

Há, contudo, a previsão da possibilidade de cominações com eficácia de título executivo extrajudicial, como disposto no artigo 5º, §6º, da Lei nº 7.347/85. Dúvida não há, em contrapartida, de que se o compromisso vier a ser apresentado e homologado em juízo, o título passará a ser judicial.

4.5.1. As prestações dissuasórias/punitivas como cominações passíveis de inserção nos Termos de Ajustamento de Conduta

Curial reconhecer-se desde logo a adequação das novas funções da responsabilidade civil como parte integrante do termo de ajustamento de conduta, já que, havendo danos materiais comprovados, a indenização patrimonial será postulada além do que hodiernamente se chama compensação por "danos morais coletivos",[244] funções tradicionais desse ramo do Direito que, em nada se assemelham às novéis.

Justifica-se o uso destas tomando como premissa um "direito privado coletivo", como já o denominou o Ministro Fux, do Superior Tribunal de Justiça, em decisão acima referida. Ou seja, o direito privado regulador da esfera social, que compreende aqueles atos realizados pelo indivíduo demandado numa ação coletiva. Neste sentido, faz-se a proposta de que as prestações dissuasórias e punitivas sejam destinadas a órgão ou pessoa jurídica com finalidade pública e vinculada à esfera de proteção do bem lesado, igualmente, portanto, de natureza coletiva. Dessa forma, evita-se incorrer na crítica reiterada de uma possível "loteria da responsabilidade civil", situação em que determinada pessoa, vítima de um dano, poderia enriquecer por via do valor pago a esse título.

Esclareça-se que pode o autor do dano real ou iminente haver-se comprometido ao pagamento de valor para reparar o prejuízo patrimonial coletivo, bem como a compensar o dano moral correspondente, destinando-o a um fundo e, ainda assim, haver a cominação de prestação pecuniária a ser entregue ao mesmo receptor, ou

---

[244] A doutrina vem procurando definir os danos morais coletivos, sendo emblemática a lição do jurista Carlos Alberto Bittar Filho nesse sentido, para quem se configura como "a injusta lesão da esfera moral de uma dada comunidade, ou seja, é a violação antijurídica de um determinado círculo de valores coletivos". Arrematando: "Quando se fala em dano moral coletivo, está-se fazendo menção ao fato de que o patrimônio valorativo de uma certa comunidade (maior ou menor), idealmente considerado, foi agredido de maneira absolutamente injustificável do ponto de vista jurídico: quer isso dizer, em última instância, que se feriu a própria cultura, em seu aspecto imaterial".(BITTAR FILHO, Carlos Alberto.1994. *Do dano moral coletivo no atual contexto jurídico brasileiro.* Revista de direito do consumidor. São Paulo,v. 2, p. 55)

outro. No entanto, a finalidade deve ser punir o agente e prevenir novas ocorrências de atos lesivos à coletividade, ou somente prevenir, dependendo do caso em concreto, não levando, assim, à configuração de *bis in idem*. Ou seja, funções diversas, valores diversos.

Reserva-se, contudo, tal hipótese, para aqueles casos em que as consequências do dano e a conduta do agente sejam reconhecidamente tão gravosas à sociedade em geral, além de denotar dolo, malícia, culpa grave no seu comportamento, que mereçam especial reprimenda do Estado, consoante aludido acima, quando se explicou em que situações da responsabilidade civil devem ser admitidas tais funções.

Parece, neste sentido, razoável defender-se a possibilidade da cobrança de um valor a mais em dinheiro, em cláusula própria, como se multa fosse, porque a rotina jurídica concernente à matéria mostra que, frequentemente, quando há notícias do dano real a interesses coletivos, estes já se deram de forma reiterada, bem antes de sua descoberta. E pior. Em tais casos, mesmo o autor sabendo que o comportamento configurava um ilícito, agiu com indiferença para com a comunidade que o cerca.

Havendo, pois, um dano a direitos coletivos *lato senso*, antes de ajuizar eventual ação,[245] pode o Ministério Público propor a realização do Termo de Ajustamento de Conduta, colocando as cláusulas pertinentes ao objeto posto em causa (referente ao meio ambiente, consumidor, defesa da ordem urbanística, entre outros) com as quais ficará o signatário obrigado a observar, e o Ministério Público a fiscalizar, assim como toda a sociedade, dentro de um prazo estipulado, ante a publicidade que o termo deve ter. Descumprida alguma delas, poderá haver a efetivação das cláusulas cominatórias, uma vez que título executivo extrajudicial ressalvando possível ajuizamento da ação coletiva pertinente em juízo.

4.5.1.1. O exemplo do dano ambiental para aplicação das prestações dissuasórias/punitivas nos Termos de Ajustamento de Conduta

A fim de melhor entender-se a aplicação das funções ora propostas, mais uma vez toma-se como exemplo a defesa do direito fundamental ao meio ambiente.

---

[245] Não é demasiado lembrar que além da ação civil pública, nos mesmos moldes desta, reconhecem-se no sistema jurídico pátrio as demais ações coletivas, seja para tratar de interesses de criança e adolescentes, seja de direitos do consumidor, etc, importando seja o interesse transindividual, observadas as peculiaridades procedimentais estabelecidas para cada caso e o interesse posto em causa.

Interessante, desde já, colacionar os enunciados do Encontro Estadual do Ministério Público do Rio Grande do Sul sobre o Meio Ambiente, com a orientação institucional acerca das cláusulas a comporem o termo de ajustamento em tal matéria, de onde se depreende a possibilidade de inclusão das prestações dissuasórias:[246]

(...)

1.5 O órgão de execução não fica adstrito ao exato valor de indenização por danos ambientais materiais irreversíveis estabelecido em parecer técnico, podendo alterá-lo com base nos critérios de razoabilidade, proporcionalidade e capacidade financeira do investigado, devendo, contudo, justificar as razões da redução do valor na ocasião da firmatura do Termo de Ajustamento de Conduta, no próprio termo ou em despacho apartado, não podendo postergar a justificativa para o momento da promoção de arquivamento.

1.6 Os recursos oriundos de Compromissos de Ajustamento de Conduta serão preferencialmente destinados aos fundos municipais e estaduais previstos em lei, ou a entidades de atuação ambiental, podendo, justificadamente, ser destinados a outras entidades de atuação em matéria não ambiental.

1.7 A cominação para o caso de inadimplemento do Compromisso de Ajustamento pode consistir em multa cominatória (*astreinte*), medidas coercitivas previstas no art. 461 do CPC (medidas típicas) e/ou medidas coercitivas outras (medidas atípicas), adequadas ao caso concreto e fixadas isolada ou cumulativamente.

1.8 A multa cominatória deve ser proporcional e adequada a cada obrigação prevista no Compromisso de Ajustamento, podendo ser diária ou por evento, de acordo com a natureza da obrigação. Seu valor deve ser fixado levando em consideração: a) a importância do bem lesado ou ameaçado de lesão; b) as conseqüências mais ou menos gravosas em caso de inadimplemento da obrigação, e c) as condições econômicas do compromissário. Deve ainda ter fixados seus termos inicial e final, o índice monetário de correção e a destinação de eventuais valores decorrentes de sua incidência.

1.9 A multa cominatória é obrigação acessória, que funciona como meio de coação psicológica à efetivação do direito material, e disponível, podendo-se transigir quanto ao seu valor, desistir de eventual ação de execução ajuizada ou deixar de ajuizar a ação de execução por quantia certa quando satisfeita a obrigação principal, ainda que intempestivamente.

1.10 Em caso de descumprimento do Compromisso de Ajustamento pelo compromissário, caberá o ajuizamento de ação de execução para busca da satisfação das obrigações previstas no Termo. Outras obrigações de fazer, não fazer ou indenizar não previstas no Termo de Ajustamento de Conduta que se evidenciarem necessárias à reparação integral do dano, em razão de dano superveniente ou porque o Termo de Compromisso foi omisso ou falho, deverão ser objeto de termo de compromisso aditivo/complementar ou de ação de conhecimento (ação civil pública).

1.11 É possível o ajuizamento simultâneo da execução da obrigação de fazer e da multa.

---

[246] Estratégias institucionais para proteção do meio ambiente. In: ENCONTRO ESTADUAL DO MINISTÉRIO PÚBLICO DO RIO GRANDE DO SUL, 2005. Disponível em: <http://www.mp.rs.gov.br/areas/ambiente/arquivos/enunciados.doc>. Acesso em: 20 out. 2006.

Constata-se, assim, a elasticidade do sistema por essas orientações aos membros do Ministério Público, indicando-se a possibilidade de fixação de medidas coercitivas chamadas "atípicas" no enunciado 1.7, para que a instituição e a sociedade que esta defende atinjam os objetivos de manter um meio ambiente sadio e equilibrado *in casu*.

Com efeito, as prestações em análise inserem-se na natureza cominatória, pois visam não só a punir, mas também são uma legítima ameaça feita para evitar a prática de condutas contrárias ao direito, que causem prejuízo a alguém ou à coletividade, quando constatada tal possibilidade.

Usando o exemplo do meio ambiente, poderia surgir o questionamento de *bis in idem* quanto à aplicação de multas que aparentemente se sobrepõem ao agente causador do dano.

4.5.1.1.1. *Responsabilização civil pelos danos ambientais*

Neste caso, comumente a vítima do dano ambiental assume a posição de credora, podendo exigir do autor daquele, determinada prestação cujo conteúdo consiste na reparação dos danos causados, tendo por escopo o restabelecimento do equilíbrio violado pelo dano causado pelo autor. Neste passo, a responsabilidade civil tem dupla função na esfera jurídica do prejudicado: mantenedora da segurança jurídica em relação ao lesado e sanção civil de natureza compensatória.

Em termos de dano ecológico, a doutrina tende fortemente para reconhecer a teoria do risco integral. A proposta é atingir todo e qualquer possível responsável pelo prejuízo ambiental, configurando-se neste diapasão da Teoria do Risco da Atividade ou da Empresa, segundo o qual cabe o dever de indenizar àquele que exerce atividade perigosa, consubstanciando ônus de sua atividade o dever de reparar os danos por ela causados.

A responsabilidade civil objetiva encontra fulcro, ainda, na Teoria do Risco-Proveito, segundo a qual *ubi emolumentum, ibi onus*, ou *cujus commoda eius et incomoda*, pois quem colhe benefícios com determinada atividade, responde pelos riscos daí decorrentes.

Vale lembrar que é irrelevante a licitude da atividade, de vez que, se houve dano ambiental originado da atividade do poluidor, há nexo causal que faz surgir o dever indenizatório. A legalidade do ato poluidor não interessa, bastando a simples potencialidade de dano para que a responsabilidade civil seja objetiva.

Especificamente quanto ao dano ambiental assume destaque um dos princípios de Direito Ambiental, qual seja, o princípio do poluidor-pagador, segundo o qual quem polui deve internalizar os custos decorrentes dos danos causados por sua ação. No Brasil, a responsabilidade recai sobre o poluidor, que pode ser conceituado como a pessoa física ou jurídica, de direito público ou privado, responsável, direta ou indiretamente, por atividade causadora de degradação ambiental.

O empreendedor titular do dever principal de zelar pelo meio ambiente é o responsável primário, mas não é o responsável exclusivo. Havendo mais de um empreendedor, a responsabilidade é solidária. Assim, aquele que responder pela totalidade da indenização, pela integralidade do dano, pode manejar ação regressiva contra os demais co-responsáveis.

A reparação civil é composta tradicionalmente por duas etapas: a) a reparação *in natura* ao estado anterior do bem ambiental afetado; b) a reparação pecuniária, ou seja, a restituição em dinheiro pelos danos causados.

Quando não for possível o retorno ao *status quo*, recairá sobre o poluidor a condenação em um *quantum* pecuniário, que servirá para a recomposição efetiva e direta do ambiente lesado. A reparação do dano causado ao meio ambiente tem características peculiares, pois o próprio dano ambiental tem elementos especiais. O primeiro deles é a transindividualidade, já que o dano ambiental atinge, necessariamente, uma pluralidade difusa de vítimas, mesmo quando certos aspectos particulares de sua danosidade atingem individualmente algumas pessoas.

A Lei n°. 6.938/81, que institui a Política Nacional do Meio Ambiente, prevê de forma expressa duas modalidades de dano no art. 14, §1°: o dano ambiental público e o dano ambiental privado. Na primeira modalidade, a indenização destina-se a um fundo específico para a reconstituição dos bens lesados (Lei n° 7.347/85, art. 13), enquanto na segunda, a indenização destina-se a recompor o patrimônio da própria vítima, a primeira modalidade deve ser tentada como regra, independentemente de ser mais onerosa que a segunda.

Outra característica do dano ambiental é a difícil reparação. Na maioria das vezes, a reparação efetiva é quase impossível, sendo a reparação pecuniária insuficiente e incapaz de recompor totalmente o dano. Por fim, o dano ambiental tem como elemento, ainda, a difícil valoração, pois há dificuldade em se estabelecerem parâmetros econômicos de reparação.

Verificado o dano, a indenização deverá ser a mais ampla possível, incluindo lucros cessantes e danos emergentes, sendo aceito, inclusive, dano moral coletivo, no caso de degradação ambiental. Ressalte-se que, geralmente, as sentenças condenatórias em ações judiciais que versam sobre lesão ao meio ambiente não se resumem a determinar o ressarcimento dos danos ambientais ocorridos, mas também se impõe a modificação da técnica de produção, eliminando ou reduzindo a poluição decorrente das atividades correlatas. É neste contexto que se entende pertinente a inclusão de nova cláusula, porém em sede de termo de ajustamento de conduta e não somente na sentença, a qual estabelecerá uma prestação pecuniária para punir o agente poluidor, bem como para evitar novo dano.

Volte-se, por oportuno, que tal inserção não se dará de forma indiscriminada, mas sim quando detectada especial inobservância de conduta, que seria imprescindível naquela determinada atividade, a fim de evitar riscos sociais. Ou, é claro, uma espécie de dolo, ou seja, de intenção do agente em obter lucro, desimportando-se com o resultado danoso de seu comportamento, ou melhor, de sua atividade.

4.5.1.1.2. *Responsabilização administrativa por danos ambientais*

A aplicação de penalidades disciplinares ou compensatórias quando do não cumprimento de medidas necessárias à preservação do meio ambiente ou à correção de degradação ambiental existente constitui um dos instrumentos da Política Nacional do Meio Ambiente.

Por meio dela, foram determinadas como autoridades competentes para a lavratura do auto de infração ambiental e instauração do respectivo processo administrativo os funcionários de órgãos ambientais integrantes do Sistema Nacional de Meio Ambiente – SISNAMA (art. 6º da Lei nº. 6.938/81), designados para as atividades fiscalizatórias, bem como os agentes das Capitanias dos Portos, órgão do Ministério da Marinha.

O artigo 2º do Decreto nº 3.179/99 relaciona as sanções administrativas aplicáveis no caso de cometimento de infração ambiental: I – advertência; II – multa simples;III – multa diária; IV – apreensão dos animais, produtos e subprodutos da fauna e flora, instrumentos, apetrechos, equipamentos ou veículos de qualquer natureza utilizados na infração; V – destruição ou inutilização do produto; VI – suspensão de venda e fabricação do produto; VII – embargo de obra ou atividade; VIII – demolição de obra; IX – suspensão parcial ou total das atividades; X – restritiva de direitos; e XI – reparação dos danos causados.

Vislumbra-se, ainda, que os três entes federados estão habilitados à aplicação das sanções, sendo lícita, no entender da autora, a suspensão da exigibilidade das penalidades administrativas quando o infrator-poluidor, por termo de ajustamento de conduta – TAC –, aprovado pela autoridade legitimada, obrigar-se à adoção de medidas específicas, para fazer cessar ou corrigir a degradação ambiental.

4.5.1.1.3. Responsabilização penal por danos ambientais

Não se pode deixar de mencionar, também, a possível responsabilização penal da pessoa física causadora do dano ambiental. Contudo, apesar de responsabilidade penal por dano ambiental causado por pessoa jurídica já estar indiscutivelmente firmada em nosso ordenamento jurídico legal (art. 225, § 3º, Constituição Federal de 1988, e Lei nº 9.605/98, denominada Lei dos Crimes Ambientais), a discussão doutrinária e jurisprudência a respeito de sua efetiva aplicação prossegue.

Parte da doutrina apegada à Teoria da Ficção Legal, criada e desenvolvida por Savigny, segundo a qual a pessoa jurídica é totalmente destituída de uma personalidade, logo, incapaz de manifestar vontade, entende que seria impossível que este mesmo ente, puramente ficto, viesse a praticar uma conduta que gerasse efeitos na esfera penal, já que, para tanto, é imprescindível o atributo da vontade. René Ariel Dotti, um dos defensores desta corrente, afirma que só a pessoa humana tem capacidade genérica de entender e querer, sendo a potencial consciência de ilicitude uma qualidade exclusiva da pessoa física e impossível de ser encontrada no ente jurídico.

A doutrina majoritária se contrapõe àquela outra, destacando que o art. 3º da Lei dos Crimes Ambientais, ao responsabilizar a pessoa jurídica pelos crimes ambientais, não menciona o termo de conduta enfocado por Dotti. Da mesma forma, o parágrafo 3º do artigo 225 da Carta Magna, trouxe em seu texto a responsabilização da pessoa jurídica, não necessariamente em razão de uma conduta por esta praticada, mas sim, em decorrência de suas próprias atividades, afastando a relevância da discussão concernente à capacidade, ou não, do ente coletivo praticar uma conduta.

4.5.1.1.4. Da Possibilidade de responsabilização simultânea nas esferas cível, penal e administrativa, com a inserção da prestação pecuniária punitiva e/ou dissuasória

O artigo 225, § 3º, da Constituição Federal e o art. 3º da Lei nº 9.605/98 tratam da questão dos danos ambientais e sua reparação, prescrevendo que as condutas e atividades consideradas lesivas ao meio ambiente sujeitarão os infratores, pessoas físicas ou jurídicas, a sanções penais ou administrativas, independentemente da obrigação de reparar o dano.

Assim, a responsabilização simultânea em todas as três esferas jurídicas é possível e lícita, não se caracterizando *bis in idem*, de vez que cada uma destas possui fundamentação própria, são autônomas e independentes entre si, conforme determina o princípio da independência das instâncias. Em tese, frise-se, são efetivamente independentes, pois, conforme o teor e o resultado da sentença penal, pode haver implicação daquela na esfera administrativa ou civil e vice-versa. Concretamente, em três hipóteses a sentença penal afasta qualquer possibilidade de sanção administrativa: a) quando reconhece a inexistência do fato; b) quando reconhece que o autor não participou do fato; e c) quando reconhece causa justificante (exercício regular de direito, estado de necessidade, legítima defesa etc.).

De outro banda, quando o juiz penal absolve o acusado por falta de provas de autoria ou sobre o fato ou a tipicidade etc., a via administrativa resulta livre. Não há impedimento de a Administração Pública chegar a conclusão distinta. Se a absolvição penal se deu em razão do reconhecimento da prescrição, do mesmo modo, não está impedida a via administrativa, nem a cível. Se a absolvição ocorreu por atipicidade penal, pode ser que o fato seja típico no âmbito administrativo.

Assim, para que se tenha um sistema completo de preservação e conservação, a legislação oferece o instrumento da responsabilização dos causadores de danos ambientais, da maneira mais ampla possível. Significa que um agente, por um mesmo dano, pode ser responsabilizado simultaneamente nas esferas civil, penal e administrativa, com a possibilidade de incidência cumulativa desses sistemas de responsabilidade. Portanto, ao menos em sede formal, há responsabilização para toda e qualquer pessoa que causar dano ao meio ambiente.

Por oportuno, ressalte-se que, da mesma forma, não se poderá falar em *bis in idem* pela fixação das prestações autônomas no termo de ajustamento de conduta ou em sede de sentença cível. O valor a ser fixado neste âmbito, para punir e/ou dissuadir deve observar os parâmetros sugeridos para o Magistrado ao estabelecer a quantia das prestações punitivas e dissuasórias na sentença, como já colocado, a fim de que o causador do dano saiba como se chegou ao *quantum* e possa livremente aceitar ou não o compromisso.

Como já descrito, utilizando-se os critérios de modo claro e adotando-se o princípio da razoabilidade, poder-se-á superar críticas como o enriquecimento sem causa dos destinatários do dinheiro "(*overcompensation* ou *tort lottery*), ou ainda, o "superdesestímulo" (*overdeterrence*), respectivamente, segundo seus defensores, ou ainda à "quebra" dos pagadores ou seu afastamento de certas áreas do mercado, como ocorreu do seguro relativamente a certas especialidades médicas, nos Estados Unidos, o que não se preconiza.

E mais. Do ponto de vista da operacionalidade, tem-se que, quando avençada, em termo de ajustamento de conduta, multa para incidir quando do descumprimento das obrigações de fazer ou não-fazer, pertinente se faz juntar uma via deste documento ao processo penal eventualmente instaurado, postulando-se a suspensão deste pelo tempo de fiscalização para o cumprimento do "TAC".

Assim, terminado o prazo de fiscalização e cumpridas as cláusulas na íntegra, possível o arquivamento do feito penal, já que o objetivo maior que era compelir ao ressarcimento, o caráter pedagógico e, eventualmente, ainda, o punitivo, terão sido atingidos sem se ingressar na esfera mais drástica que é a criminal.

Propõe-se, então, em havendo a cláusula específica com fixação de prestação pecuniária para punir e/ou dissuadir o autor do dano em razão de sua conduta, fique também acertado que uma via do ajustamento será encaminhada ao juízo criminal, de modo que sequer tenha prosseguimento o feito (com oferecimento de denúncia ou designação de audiência preliminar, quando aplicável ao caso concreto a Lei nº 9.099/95), aguardando o encerramento do prazo pelo qual o termo estipulou a fiscalização e o cumprimento das medidas. Assim, avança-se mais um passo na busca de um direito penal mínimo, com uma atuação máxima do Estado em searas com respostas mais efetivas em termos de repercussão social.

Por derradeiro, vale mencionar que, quanto ao rol de agentes legitimados no artigo 5º da legislação especial, bem como a previsão do artigo 8º que aduz ter o Ministério Público a possibilidade de instaurar o Inquérito Civil, a conclusão é que o compromisso de ajustamento dentro do Inquérito Civil somente será possível e, portanto, lavrado, quando tomado pelo Ministério Público e não pelos demais órgãos públicos. Até porque, observando-se o paradigma dogmático do raciocínio, a consecução de efetiva democracia, há de se destacar a possibilidade de o causador do dano (atual ou iminente) não aceitar o ajuste. Caso isso ocorra restará a possibilidade de o órgão ministerial instaurar o Inquérito Civil, se já não o tiver feito, ou, então, propor ação civil pública se assim couber.

Dessa forma, parece não ser algo tormentoso o entendimento, segundo o qual o Ministério Público tem plenas condições fáticas e jurídicas de manejar com as novas funções da responsabilidade civil em sede de termo de ajustamento de conduta, quando diante da afronta real ou iminente de um direito fundamental de natureza transindividual.

Reforce-se: o Ministério Público é parte legítima para propor o ajuste. O instrumento procedimental comporta cominações. O meio é útil para a observância e concretização de direitos (formal e materialmente) fundamentais, sem, contudo, excluir da possibilidade de acesso ao Poder Judiciário, por se traduzirem em garantias mínimas, não ferindo, por isso, nem a ordem constitucional, menos ainda a jurídica. Assim, terá o *Parquet* mais uma efetiva e poderosa arma para lutar pela precaução de danos que atingem interesses sociais e individuais indisponíveis, realizando da mesma forma seu mister de defesa da ordem jurídica e, especialmente, do regime democrático.

Com tais considerações, salienta-se que as demandas de natureza coletiva, paralelamente, servem de paradigma para se refletir sobre uma efetiva compatibilidade das novéis funções da responsabilidade civil com o ordenamento jurídico e constitucional brasileiro, por já possuírem, nas legislações de direito material e procedimental pertinentes, meios que viabilizam a aplicação destas, o que vai ao encontro da proteção de direitos fundamentais, como se ilustrou com o exemplo do meio ambiente.

Sobre o tema, trazem-se à baila as palavras de Martins-Costa e Pargendler, quando concluem acerca da aplicação dos *punitive damages* no Direito brasileiro:[247]

> Há exemplo, no ordenamento, de um saudável meio-termo entre o intento de tornar exemplar a indenização e a necessidade de serem observados parâmetros mínimos de segurança jurídica, bem se diferenciando entre a "justiça do caso" e a "justiça do Khadi": trata-se da multa prevista na Lei n. 7347/85[248] para o caso de danos cuja di-

---

[247] MARTINS-COSTA, Judith; PARGENDLER, Mariana Souza. Usos e abusos da função punitiva. *Revista da AJURIS,* Porto Alegre, v. 32, n. 100, 2005.

[248] Se a condenação for à reparação pecuniária, o *quantum* indenizatório reverterá a um fundo Federal ou Estadual, cujos recursos são destinados à reconstituição dos bens lesados (art. 13, Lei n. 7.347/85). No que concerne ao dano ambiental, note-se que a obrigação de *"recuperar e/ ou indenizar os danos causados"* (art. 4º, VII, da Lei 6.938/81) segue o princípio da ampla repara-

mensão é transindividual, como os danos ambientais e ao consumidor[249]. Essa multa deve recolhida a um fundo público, servindo para efetivar o *princípio da prevenção* que hoje polariza o Direito ambiental e é, também, diretriz a ser seguida nas relações de consumo. Nesses casos, o valor, a ser pago punitivamente, não vai para o autor da ação, antes beneficiando o universo dos lesados e, fundamentalmente, o bem jurídico coletivo que foi prejudicado pela ação do autor do dano. Porém, há similitudes com o que a doutrina anglo-saxã tem de positivo,[250] sancionando pecuniariamente aqueles danos provocados por um apego tão excessivo à pecúnia que faz esquecer os interesses da sociedade. Um fundo, criado por lei; a gestão pública do fundo e a destinação de seus recursos a uma finalidade coletiva, isto é, transindividual (e não individual, servindo a "indenização" para beneficiar exclusivamente vítima do dano), parece ser o mais adequado caminho – se utilizado de forma complementar às demais vias sancionatórias do ilícito civil – para regrar os danos típicos da sociedade industrial sem que recaiamos – por vezes, por ingenuidade – nas armadilhas da desumanizante "lógica do mercado".[251]

Concordando com as autoras, imperioso se faz voltar a atenção para o aspecto da multa comentada por estas como "forma de prevenção ao meio ambiente", discordando de tal natureza. Para que não reste dúvida sobre a caracterização de duplicidade de multa, o que pode surgir da leitura do artigo 11 da Lei nº 7.347/85, note-se que a multa existente na lei poderá ser aplicada diariamente, contada por dia de atraso no cumprimento da obrigação avençada. Contudo, a cobrança do valor somente poderá ocorrer após o trânsito em julgado da decisão favorável ao autor, ainda que devida desde o dia do descumprimento, consoante teor do artigo 12, § 2º, da lei em comento.

O que se quer dizer é que o valor da prestação pecuniária, ao ser colocado em cláusula própria no termo de ajustamento de conduta, sendo descumprida a obrigação principal a que o ajuste se refere por parte do compromissário, pode ter a pronta execução do valor, em virtude de sua natureza de título executivo extrajudicial. Daí sua importância em sede preventiva e punitiva, com a qual não

---

ção, abrangendo, por exemplo, o período em que a coletividade ficou privada do uso do bem afetado. O valor é resultado de uma estimativa, para a qual são considerados o dano e suas consequências para a saúde pública. O juiz será o responsável pela definição do valor, contando, para tal, com o auxílio de peritos que atuam em caráter não-vinculativo, mas informativo. Assim, como já observamos em outra sede, agrega-se à função reparatória (ou indenizatória) uma certa função *punitiva*, pois valor a ser pago será maior se o dano for irreversível ou se uma espécie em extinção for abatida. (MARTINS-COSTA, Judith. Le préjudice écologique: rapport brésilien. *Journées de la Ass. Henri Capitant*, Montreal, set. 2004. inédito).

[249] Assim também observa MORAES. 2003, p. 263.

[250] Como observamos anteriormente, em alguns Estados norte-americanos uma parcela da indenização paga a título de *punitive damages* reverte para o Estado, ou para algum fundo específico.

[251] Veja-se, nesse sentido, a crítica de MORAES, op. cit., p. 252 *et seq.*

se assemelha a multa já prevista na Lei da Ação Civil Pública e suas congênitas, como a Ação Coletiva para defesa de interesses do Consumidor, Lei nº 8.078/90, que é para punir não pela prática do ilícito, mas pela demora no cumprimento da obrigação principal (fazer, não fazer, etc) quando estipulado prazo para tanto.

Medidas concretizadoras de interesses transindividuais, que se traduzem como direitos materialmente fundamentais, e expectativas lançadas na Carta Magna pelo constituinte devem ser buscadas de forma contundente e imediata. Neste contexto, nenhuma instituição é tão afeta a tais direitos quanto aquela que o constituinte determinou, em última análise, fosse a guardiã da cidadania e do regime democrático.

Conclusão

Pelo estudo realizado e ora apresentado, é possível chegar-se a algumas conclusões, às quais se espera ter levado igualmente o leitor.

Com o rápido desenvolvimento da sociedade contemporânea, a ampliação dos direitos e o mais fácil acesso a estes, no Brasil, desde a Constituição Federal de 1988, percebe-se um aumento expressivo de demandas judiciais e de interesse no estudo da responsabilidade civil de forma geral.

Devido à especialização que vem sofrendo continuamente a matéria, é possível visualizar institutos até pouco tempo praticamente não mencionados no País, sendo utilizados para fundamentar a produção jurídica. Nesse contexto, chegou-se às novas funções da responsabilidade civil, principalmente como referido, em virtude do alargamento da matéria e da maior procura pela tutela dos direitos fundamentais.

Constata-se que, paralelamente ao ressarcimento dos danos patrimoniais, vem-se buscando há algum tempo igualmente a compensação dos danos extrapatrimoniais decorrentes de atos ilícitos, sendo o dano moral já previsto na Constituição Federal de 1988 e, agora, expressamente, no Código Civil em vigor.

O que se propôs neste trabalho é exatamente a possibilidade de serem agregadas outras funções que possam ser alcançadas, além das já reconhecidas e aceitas pelo ordenamento jurídico pátrio (ressarcitória/compensatória), por meio da responsabilização na esfera civil, quais sejam, a punitiva e a dissuasória, notadamente no que concerne aos direitos fundamentais da coletividade.

Após a análise do tema no Direito Comparado e no brasileiro, percebe-se que nos Estados Unidos da América, país pertencente à família da *Common Law*, as prestações punitivas e dissuasórias têm uma aplicação mais vasta e aceita, tanto pela doutrina como pelas Cortes.

Situação diversa é a de Itália, Alemanha, França, Portugal e Brasil, países pertencentes à família romano-germânica.

Na Itália, a doutrina e a jurisprudência ainda apresentam uma certa resistência quanto às novas funções para a responsabilidade civil, bem definindo os casos em que estas são aplicadas, assumindo Paolo Gallo que "a doutrina dos *punitive damages* tem uma perspectiva moralizadora do mercado".[252] Entretanto, percebe-se um esforço da doutrina moderna neste sentido, principalmente resgatando conceitos de outros países, especialmente dos Estados Unidos, onde a matéria é mais difundida.

No Brasil, chega-se à mesma conclusão. Apesar do vanguardismo, especialmente do Superior Tribunal de Justiça, ainda há pouca menção nas decisões pretorianas às novas funções da responsabilidade civil. Ademais, quando isso acontece, ressalta-se, não se dá da maneira idêntica como ocorre no Direito Norte-Americano e que ora se defende, já que, no Brasil, as prestações punitivas costumam ser vinculadas ao dano moral, ao passo que, enquanto nos Estados Unidos e na Itália, embora seja extrapatrimonial, o instituto não se confunde com este, tendo a autonomia que ora se propõe.

Curial ressaltar, contudo, a visível mudança de postura no que tange ao reconhecimento de novos paradigmas como a existência de danos coletivos e a consequente necessidade de pensar em instrumentos que atendam a essa nova perspectiva do Direito Civil-Constitucional, na qual a responsabilidade civil assume especial relevância.

No tocante à doutrina, da mesma forma, não é ela pródiga no assunto. É possível encontrar menção ao tema em artigos de revistas especializadas em matéria cível, tendo sido destacados, no presente trabalho, seus principais autores.

No entanto, apesar de incipiente, a questão é deveras interessante e merecedora de atenção pelos operadores do Direito. Isso porque versa sobre formas, em última análise, de proteção efetiva a valores elevados a direitos fundamentais, especialmente visando a atingir uma efetiva democracia, além da perfeita convergência com os objetivos e princípios fundamentais insculpidos na Constituição da República Federativa do Brasil.

Não seria demasiado utilizar-se o próprio dano moral como paradigma a esta lógica evolução no reconhecimento do necessário alargamento das funções dadas à responsabilidade civil. Basta lembrar que os danos morais puros, que há pouco tempo eram objeto de

---

[252] GALLO, 1996, p. 168.

rejeição por grande parte dos operadores do Direito, hoje são matéria consolidada, servindo, dessarte, como porta de entrada para a reflexão acerca da expansão da responsabilidade civil.[253]

Pode-se constatar, em estudo comparativo com o momento histórico por que passa o Direito Penal, apesar das finalidades ontologicamente diversas desses ramos jurídicos, que nem esse, nem o Direito Civil até o momento lograram conter, ou reduzir, a prática de atos ilícitos em nosso país. Imperiosa, pois, a concordância, ao menos pelo estudo realizado até o momento, com a aceitação de tais funções, mormente em se admitindo que a rápida evolução social deve prever outros meios para coibir a expansão dos atos contrários ao Direito, no mesmo ritmo em que avança o mundo moderno, a fim de que não reste desprestigiada a Justiça e, em última análise, inviabilizada a convivência social. Como bem colocado por Luiz Edson Fachin:[254]

> Para o direito, impõe-se a consciência da própria história e, sabendo-se do que já se passou, não se acomodar na falsa idéia de que o que existe não pode ser mudado, para ser mais que repetição de ações com um fim em si mesmo. Cabe aos seus operadores, mais sensíveis à realidade, a abertura para a constante reflexão e renovação das categorias jurídicas de acordo com as exigências e necessidades sociais.

Igualmente adequado, o clássico ensinamento de Vittorio Sgroi,[255] Procurador-Geral da Corte de Cassação Italiana, ao dizer:

> Ora, se con queste espressioni si intende significare che l'ordinamento giuridico soggiace continuamente a mutazioni, aggiustamenti e rettifiche, è facile trovarsi d'accordo poiché l'ordinamento è un organismo dinâmico (questa è la definizione anche di Giacobbe) che vive nel e del suo incessante divenire.

Resta colocada a reflexão, no sentido de que as funções punitiva e dissuasória bem se adeqúam ao atual momento histórico de cunho

---

[253] A jurisprudência brasileira anterior à Constituição de 1988 restringia a possibilidade de indenização por dano moral, entendendo, em grande parte, pela sua irreparabilidade, já que não haveria formas de avaliar economicamente os prejuízos causados. Apenas em alguns acórdãos isolados e dissonantes foram arbitradas indenizações reconhecendo tal possibilidade (sendo paradigmático o enunciado da súmula 491 do Supremo Tribunal Federal). Na década de 80 esta postura, outrora minoritária, foi ganhando relevo, e o arbitramento do dano moral passou a ser objeto de diversos julgados. Com o advento da Constituição Federal de 1988, a proteção foi definitivamente assegurada (art. 5º, X). Hoje o dano moral pode e deve ser indenizado, orientado pelo princípio da razoabilidade e pela prudência judicial, além de estar positivado no texto do Código Civil em vigor.

[254] FACCHIN, Luiz Edson. *Estatuto jurídico do patrimônio mínimo.* Rio de Janeiro: Renovar, 2001, p. 287.

[255] SGROI, Vitorio. Ralazione di sintese: la certezza del diritto: un valore sofferto nell'eredità dei nostri tempi. In: LA CERTEZZA del diritto. Un valore da ritrovare. Milano: Giuffrè, 1993, p. 176.

mais social do que individual em que se insere o Brasil, incumbindo aos atores do cenário jurídico refletir sobre novas propostas jurídicas em sede de responsabilidade civil, e, considerá-las no desempenho de seus misteres, a fim de impulsionar o andamento do Direito, e fazê-lo adequar-se às novas necessidades da sociedade hodierna, respeitando-se efetivamente os direitos fundamentais e, acima de tudo, a distribuição de Justiça.

Medidas de precaução para a defesa de interesses que ultrapassam o indivíduo são a tônica de um mundo globalizado e devem ser fomentadas diuturnamente. Com essa busca é que a proposta de análise da compatibilidade dos *punitive damages* com o sistema jurídico-constitucional brasileiro se torna atual e pertinente, bastando a vontade dos intérpretes do Direito para, em compreendendo a dimensão dessas novas funções da responsabilidade civil, mediante um enfoque coletivo, bem como utilizando-se da exegese dos direitos fundamentais, aplicarem-nas na solução de especiais conflitos transindividuais. Enfim, propiciar um desenvolvimento efetivamente sustentável, enaltecendo-se primordialmente o respeito aos valores mais importantes da sociedade democrática brasileira.

Referências

ALEXY, Robert. *Teoria da argumentação jurídica*. Tradução Zilda Hutchinson Schild Silva. 2. ed. São Paulo: Landy, 2005.

AMIRANTE, Carlo. *I diritti umani tra dimensione normative e dimenzione giurisdizionale?* Napoli: Alfredo Guida Editore, 2003.

ÁVILA, Humberto. *Teoria dos princípios:* da definição à aplicação dos princípios jurídicos. 4. ed. São Paulo: Malheiros, 2004.

BARROSO, Luís Roberto. *Interpretação e aplicação da Constituição*. São Paulo: Saraiva, 1996, p. 204-207.

———. *Os princípios da razoabilidade e da proporcionalidade*. Disponível em: <http://www.acta-diurna.com.br/biblioteca/doutrina/d19990628007.htm>. Acesso em: 02 jun. 2005.

BITAR, Carlos Alberto. *Os Direitos da Personalidade*. 7. ed. Rio de Janeiro: Forense Universitária, 2006.

———. *Responsabilidade civil: teoria e prática*. 2. ed. Rio de Janeiro: Forense Universitária, 1990.

BITTAR FILHO, Carlos Alberto. *Do dano moral coletivo no atual contexto jurídico brasileiro* . Jus Navigandi, Teresina, ano 9, n. 559, 17 jan. 2005. Disponível em: http://jus2.uol.com.br/doutrina/texto.asp?id=6183 >. Acesso em: 10 nov. 2006

BLAKEY, Robert. *Of characterization and other matters: thoughts about multiple damages*. Disponible em: <http://www.law.duke.edu/shell/cite.pl?60+Law+&+Contemp.+Probs.+97+(Summer+1997>. Acesso em: 05 maio 2006.

BOBBIO, Norberto. *Teoria do ordenamento jurídico*. Tradução Maria Celeste C. J. Santos. 9· ed. Brasília: Editora Universidade de Brasília, 1997.

———. *La Funzione Promozionale del Diritto*. In: Bobbio: *Dalla Strutura alla Funzione*. Milano: Edizione di Comunità, 1977.

BÖCKENFÖRDE, Ernst-Wolfgang. *Escritos sobre derechos fundamentales*. Traducción Juan Luis Requejo Pagés e Ignacio Villaverde Menéndez. Baden-Baden: Nomos Verlagsgesellschaft, 1993.

BONAVIDES, Paulo. *Curso de direito constitucional*. 10. ed. São Paulo: Malheiros, 2000.

BOSCHI, José Antônio Paganella. *Das penas e seus critérios de aplicação*. Porto Alegre: Livraria do Advogado, 2000.

BUSNELLI, Francesco D.; SCALFI, Gianguido. *Le pene private*. Milano: Giuffrè, 1985.

CAHALI, Yussef Said. *Dano e indenização*. São Paulo: Revista dos Tribunais, 1980.

CANOTILHO, J. J. GOMES. *Direito constitucional*. Coimbra: Almedina, 1991.

CASILLO, João. *Dano à pessoa e sua indenização*. 2. ed. São Paulo: Revista dos Tribunais, 1994.

CAVALIERI FILHO, Sérgio. *Programa de responsabilidade civil*. 3. ed. São Paulo: Malheiros, 2002.

CRETELLA JÚNIOR, José. *Curso de direito romano*. 19. ed. Rio de Janeiro: Forense, 1995.

DANTAS, San Tiago. *Programa de direito civil*. Rio de Janeiro: Editora Rio, 1983, v. 1.

DAVID, René. *O direito inglês*. Tradução Eduardo Brandão. São Paulo: Martins Fontes, 1997.

DIAS, José Aguiar. *Da responsabilidade civil*. 10. ed. Rio de Janeiro: Forense, 1997.

––––. *Da responsabilidade civil.* 3. ed. Rio de Janeiro: Forense, 1954.

DWORKIN, Ronald. *Levando os direitos a sério* Tradução e notas Nelson Boeira. São Paulo: Martins Fontes, 2002.

––––. *O império do direito.* Traduzido por Jefferson Luiz Camargo. São Paulo: Martins Fontes, 2003.

ELIAS, Norbert. *A sociedade dos indivíduos.* Traduzido por Vera Ribeiro. Rio de Janeiro: Jorge Zahar, 1994.

ESTADOS UNIDOS DA AMÉRICA. Suprema Corte. *Opinion of justice stevens.* Disponível em: <http://www.cortland.edu/polsci/bmw.html>. Acesso em: 10 mar. 2005.

ESTRATÉGIAS institucionais para proteção do meio ambiente. In: ENCONTRO ESTADUAL DO MINISTÉRIO PÚBLICO DO RIO GRANDE DO SUL, 2005. Disponível em: <http://www.mp.rs.gov.br/areas/ambiente/arquivos/enunciados.doc>. Acesso em: 20 out. 2006.

FACCHIN, Luiz Edson. *Estatuto jurídico do patrimônio mínimo.* Rio de Janeiro: Renovar, 2001.

FACCHINI NETO, Eugênio. Da responsabilidade civil no novo código. In: SARLET, Ingo Wolfgang (Org.). *O novo código civil e a constituição.* Porto Alegre: Livraria do Advogado, 2003.

––––. Reflexões histórico-evolutiva sobra a constitucionalização do direito privado. In: SARLET, Ingo Wolgang (Org.). *Constituição, Direitos Fundamentais e Direito Privado.* Porto Alegre: Livraria do Advogado, 2003.

––––. Funções e modelos da responsabilidade aquiliana no novo código. *Revista Jurídica,* Porto Alegre, n. 309, jul. 2003.

––––. *Premissas para uma análise da contribuição do Juiz para a efetivação dos direitos da criança e do adolescente. Apud:* Juizado da Infância e Juventude. Publicado pelo Tribunal de Justiça do Estado do Rio Grande do Sul, Corregedoria-Geral da Justiça.n.2 (mar. 2004) Porto Alegre: Departamento de Artes Gráficas do TJRS 2004.

FARNSWORTH, E. Allan. *Introdução ao sistema jurídico dos Estados Unidos.* Tradução Antônio Carlos Diniz de Andrada. Rio de Janeiro: Forense, 1963.

FERRAZ JÚNIOR, Tércio Sampaio. *Introdução ao estudo do direito:* técnica, decisão, dominação. 2. ed. São Paulo: Atlas, 1990.

FERREIRA, Pinto. *Comentários à Constituição brasileira.* São Paulo: Saraiva, 1989. v. 2.

FREITAS, Juarez. *A interpretação sistemática do direito.* São Paulo: Malheiros, 2004.

FURASTÉ, Pedro. *Normas Técnicas para o trabalho científico: elaboração e formatação. Explicitação das Normas da ABNT.* 14.ed. Porto Alegre:s.n.,2006.

FURNISS, Jerry. *Punitive damages: courts set limits to restore fair play. Montana Business Quartely,* v. 42, n. 2, 2004.

GALLO, Paolo. *Pene private e responsabilità civile.* Milano: Giuffrè, 1996.

GAMA, Guilherme Calmon Nogueira da. Critérios para a fixação da reparação do dano moral: abordagem sob a perspectiva civil-constitucional. In: LEITE, Eduardo de Oliveira (Org.). *Grandes temas da atualidade:* dano moral. Rio de Janeiro: Forense, 2002.

GAVIÃO FILHO, Anízio Pirez. *Direito fundamental ao ambiente.* Porto Alegre: Livraria do Advogado, 2005.

GLANNON, Joseph W. *The Law of Torts.* New York: Aspen Publishers. 2005.

GONÇALVES, Carlos Roberto. *Responsabilidade civil.* 8. ed. São Paulo: Saraiva, 2003.

GUASTINI, Ricardo. *Das fontes às normas.* Tradução Edson Bini. São Paulo: Quartier Latin, 2005.

HÄBERLE, Peter. *Hermenêutica constitucional: a sociedade aberta dos intérpretes da constituição: contribuição para uma interpretação pluralista e "procedimental" da constituição.* Traduzido por Gilmar Ferreira Mendes. Porto Alegre: Fabris, 1997.

HOLMES, Stephen; SUNSTEIN, Cass R. *The cost of rights:* why liberty depends on taxes. New York: W. W. Norton, 1999.

HOULSMAN, Louk; DE CELIS, Jacqueline Bernart. *Penas perdidas: o sistema penal em questão.* Traduzido por Maria Lúcia Karam. Rio de Janeiro: Editora Luam, 1993.

Caroline Vaz

JORGE, Fernando Pessoa. *Ensaio sobre os pressupostos da responsabilidade civil.* Coimbra: Almedina, 1999.

KOENIG, Thomas H.; RUSTAD, Michael L. *Defense of tort law.* New York: New York University, 2001.

LEITE, Eduardo de Oliveira (Org.). *Grandes temas da atualidade*: dano moral. Rio de Janeiro: Forense, 2002.

LEME, Lino de Moraes. *Direito civil comparado.* São Paulo: Revista dos Tribunais, 1962.

LIMA, Alvino. *Culpa e Risco.* 2. ed. São Paulo: Revista dos Tribunais, 1999.

———. *Da culpa ao risco.* 2. ed. São Paulo: Revista dos Tribunais, 1938.

LOPEZ, Teresa Ancona. *O dano estético*: responsabilidade civil. São Paulo: RT, 1999.

LOURENÇO, Paula Meira. Os danos punitivos. *Revista da Faculdade de Direito da Universidade de Lisboa*, Coimbra 2002.

MACIOCE, Francesco. L'evoluzione della responsabilità civile nei paesi di common law. In: *La responsabilità civile nei sistemi di Common Law.* Padova: Giuffrè, 1989. v.1: Profili generali.

MANCUSO, Rodolfo de Camargo. *Ação civil pública.* 7. ed. São Paulo: Revista dos Tribunais, 2001.

MANENTE, Luís Virgílio Penteado; BARBUTO NETO, Antônio Marzagão. *Os danos punitivos do direito norte americano e sua incompatibilidade com o ordenamento jurídico brasileiro.* Disponível em: <http://www.lvba.com.br>.

MARTINS-COSTA, Judith. Culturalismo e experiência no novo Código Civil. In: *Boletim da Faculdade de Direito de Coimbra.* Coimbra, 2002.

———. Os danos à pessoa no direito brasileiro e a natureza da sua reparação. In: *Revista dos Tribunais*, São Paulo, n. 789, jul. 2001.

———. *Diretrizes Teóricas do Novo Código Civil Brasileiro.* São Paulo: Saraiva, 2002.

———. *O Direito Privado como um sistema em construção: as cláusulas gerais no Projeto do Código Civil brasileiro.* Revista de Informação Legislativa, Brasília, ano 35, número 139, jul/set 1998. Disponível em <http://www.senado.gov.br>. Acesso em 06 de mar. 2006.

———. Os direitos fundamentais e a opção culturalista do Novo Código Civil. In: SARLET, Ingo Wolfgang (Org.) *Constituição, direitos fundamentais e direito privado.* Porto Alegre: Livraria do Advogado, 2003, p. 61-85.

MARTINS-COSTA, Judith; PARGENDLER, Mariana Souza. Usos e abusos da função punitiva. Porto Alegre: *Revista da AJURIS* v. 32, n. 100, 2005.

MATTEI, Ugo; MONATERI, Píer Giuseppe. *Introduzzione breve al diritto comparato.* Padova: CEDAM, 2002.

MAZZILLI, Hugo Nigro. *A defesa dos interesses difusos em juízo.* 13. ed. São Paulo: Saraiva, 2001.

———. *O inquérito civil.* 2. ed. São Paulo, Saraiva, 2000.

MELLO, Celso Antônio Bandeira de. *Curso de Direito Administrativo.* 12. ed. São Paulo: Malheiros, 2000.

MENDES, Gilmar Ferreira. *Direitos Fundamentais e Controle de Constitucionalidade.* Celso Bastos Editor – São Paulo: Instituto Brasileiro de Direito Constitucional, 1998.

MONTEIRO, Washington de Barros. *Curso de direito civil.* 26. ed. São Paulo: Saraiva, 1993. v. 5: Direito das obrigações.

MORAES, Maria Celina Bodin de. *Danos à pessoa humana: uma leitura civil-constitucional dos danos morais.* Rio de Janeiro: Renovar, 2003.

———. A caminho de um direito civil constitucional. In: *Revista de Direito Civil, Imobiliário, Agrário e Empresarial*, São Paulo, n. 65, 1993.

MOREIRA, Fernando Mil Homens; CORREIA, Atalá. *A fixação do dano moral e a pena.* Disponível em: <http://www.jusnavigandi>. Acesso em: 03 nov. 2004.

NORONHA, Fernando. Desenvolvimentos contemporâneos da responsabilidade civil. In: *Revista dos Tribunais*, v. 761, p. 31-44, mar. 1999.

OLSON, Theodore B. et al. *Constitutional challenges to punitive damages after BMW v. Gore*. Waschington DC: George C. Landrith III Editor (*National Legal Center for the Public Interest*), 1998.

PEIRONE, Mario. *I danni punitivi*. Disponível em: <http://www.studiocelentano.it/publications_and_thesis/Peirone/011.htm>. Acesso em: 15 dez. 2005.

PELIKAN, Christa. Sobre a justiça restaurativa. In: *Newsletter DGAE*. Lisboa, n. 2, p. 9-11, dez. 2003.

PEREIRA, Caio Mário da Silva. *Responsabilidade civil*. 3. ed. Rio de Janeiro: Forense, 1992.

————. *Responsabilidade civil*. 8. ed. Rio de Janeiro: Forense, 1998.

PERLINGIERI, Pietro. *Perfis do Direito Civil – Introdução ao Direito Civil Constitucional: Profili del Diritto Civile*, trad. De Maria Cristina de Cicco. Rio de Janeiro: Renovar, 1999.

PONZANELLI, Giulio. *La responsabilità civile: profili di diritto comparato*. Bologna: Il Mulino, 1992.

REALE JUNIOR, Miguel. *Instituições de direito penal*. v.1. Rio de Janeiro: Forense, 2002.

ROCHA, Cármen Lúcia Antunes. O constitucionalismo contemporâneo e a instrumentalização para a eficácia dos direitos fundamentais. In: *Revista Trimestral de Direito Público*, vol. 16, 1996, p. 39 -58.

RODRIGUES, Anabela Miranda. *A determinação da medida privativa de liberdade*. Coimbra: Coimbra, 1995.

RODRIGUES, Geisa de Assis. *A participação da sociedade civil no termo de ajustamento de conduta*. Disponível em: <http://www.esmpu.gov.br/publicacoes/meioambiente/pdf/Geisa_de_A.pdf>. Acesso em: 02 nov. 2006.

RODRIGUES, Sílvio. *Direito civil*. 17. ed. São Paulo: Saraiva; 1999. v. 4: *Responsabilidade civil*.

ROPPO, Enzo. *O contrato*. Coimbra: Almedina, 1988.

SARLET, Ingo Wolfgang. *A eficácia dos direitos fundamentais*. 6. ed. Porto Alegre: Livraria do Advogado, 2006.

————. Direitos Fundamentais e Direito Privado: algumas considerações em torno da vinculação dos particulares aos direitos fundamentais. In: *A Constituição Concretizada: construindo pontes com o público e o privado*. (Org.) Ingo Wolfgang Sarlet. Porto Alegre: Livraria do Advogado, 2000. p.107-163.

————. *Algumas considerações em torno do conteúdo, eficácia e efetividade do direito à saúde na Constituição de 1988*. Interesse Público, São Paulo, n. 12, 2001, p. 91-107.

SELEME, Sérgio. Contrato e empresa: notas mínimas a partir da obra de Enzo Roppo. In: FACHIN, Luiz Edson. *Repensando fundamentos do direito civil brasileiro contemporâneo*. Rio de Janeiro: Renovar, 1998.

SGROI, Vitorio. Ralazione di sintese: la certezza del diritto: un valore sofferto nell'eredità dei nostri tempi. In: LA CERTEZZA del diritto. *Un valore da ritrovare*. Milano: Giuffrè, 1993.

SHAPO, Marshall S. *Principles of tort law*. 2. ed. Minessota, USA: Thompson West, 1999.

SILVEIRA, Alípio. *Introdução ao direito e à justiça norte-americanos*. São Paulo: Imprensa Oficial do Estado, 1962.

SOARES, Orlando. *Responsabilidade civil no direito brasileiro*: teoria, prática forense e jurisprudência. 2. ed. Rio de Janeiro: Forense, 1993.

————. *Responsabilidade civil e sua interpretação jurisprudencial:* doutrina e jurisprudência. 3. ed. rev. e ampl. São Paulo: Revista dos Tribunais, 1997.

————. *Tratado de responsabilidade civil*. 5. ed. São Paulo: Revista dos Tribunais, 2001.

SUNSTEIN, Cass R et al. *Punitive Damages. How Juries Decide*. Chicago: The University of Chicago Press, 2002.

TEPEDINO, Gustavo. *Premissas metodológicas para a constitucionalização do direito civil*. In: Temas de Direito Civil. Rio de Janeiro: Renovar, 1999.

ULPIANUS, I. *Regularum in Digesto*, lib. I, 10, I. Disponível em: <http://www.dji.com.br/romano/conceito_de_direito_classificacoes_direito_objetivo.htm>. Acesso em: 10 maio 2006.

VARELA, João de Matos Antunes. *Das obrigações em geral*. 10. ed. Coimbra: Almedina, 2000.

ZENO-ZENCOVICH, Vicenzo. *La responsabilità civile*. In: ALPA, Guido *et al*. *Diritto privato comparato*: istituti i problemi. [s.l.]: Laterza, 1999.

ZWEIGERT, Konrad; KÖTZ, Hein. *Introduzione al diritto comparato*. Milano: Giuffrè, 1998. v. 1: Principi fondamentali.

Impressão:

Evangraf

Rua Waldomiro Shapke, 77 - P. Alegre, RS
Fone: (51) 3336.2466 - Fax: (51) 3336.0422
E-mail: evangraf.adm@terra.com.br